부와 성공을 부르는
말의 힘

부와 성공을 부르는
말의 힘

김용한 지음

산솔
SANSOL MEDIA
미디어

"조그만 돌부리에 걸려 넘어져도 인생의 방향이 바뀐다"는 말이 있습니다. 반대로 부모나 존경하는 은사, 허물없는 친구에게서 들은 짤막한 경구나 긍정의 말 한마디가 사람의 인생을 결정적으로 바꾸어 놓기도 합니다.

여러분의 인생을 더듬어 보면, 그런 중대한 변화를 겪은 흔적이 군데군데 있을 것입니다. 아니, 여러분은 자신도 모르는 사이에 그 소중한 한마디를 지금껏 인생의 지침으로 삼아왔는지도 모릅니다.

구체적인 예를 들어 보겠습니다.

조금 오래된 이야기이지만, 중앙 정치 무대에 등장한 지 얼마 안 되던 40대의 흑인 정치인 오바마가 어떻게 급부상해 미합중국의 대통령이 되었을까요? 그는 2004년 민주당 전당대회에서 '민족에 관계없이 미국인은 모두 하나'라는 감동적인 기조연설을 통하여 전국적인 지명도를 얻었고, 그 여세를 몰아 대통령 후보 경선에서도 "나에게는 꿈이 있다" "두려움 말고는 두려워할 것이 없다"라는 짧은 경구와 명언들을 인용해 훌륭한 연설을 함으로써 경쟁자 힐러리에게 승리했습니다.

이렇듯 40대에 불과했던 흑인 신예 정치인이 탁월한 대중연설로 미국을 감동시켜 대통령 후보에 당선된 결정적 요인은 '말의 힘' '명언에서 얻은 지혜'에 있지 않았나 싶습니다.

짧은 경구와 명언을 소화하여 자신의 말로 만들고 그것을 대중에게 설득력 있게 호소하는 능력이 '미국 대통령'을 만들어 냈다면, 여러분은 어떻게 생각하겠습니까?

유대인들이 노벨상을 휩쓸고 세계의 부와 권력을 장악하게 된 것도 『탈무드』라는 그들의 오랜 지혜의 보고(寶庫)에서 생활의 원리를 체득한 결과가 아닐는지요?

짧은 경구나 말의 힘이 이렇듯 놀라울진대, 오랜 세월 동안 검증된 선현의 지혜를 마음 깊이 새기고 익혀 행동에 옮긴다면, 여러분의 인생은 분명 새롭게 변화될 것입니다.

짧은 경구나 명언 한 줄을 그냥 읽기만 하는 것으로는 부족합니다. 그 귀중한 삶의 지혜를 곰곰이 되새기고 음미해, 그 울림이 마음속까지 스며들게 해야 합니다.

요즘의 삶은 참으로 팍팍하기 그지없습니다. 젊은이들은 취업이 안 되어 몸부림치고 있고, 자영업자들은 견디다 못해 벼랑으로 몰리고 있으며, 서민들은 비참한 생활고에 신음하고 있습니다. 그렇다고 어디 하소연하려야 할 데도 없습니다.

빈부의 격차가 저리 차이가 많이 나는데, 희망의 사다리는 저렇게 높아 올라가려야 올라갈 수가 없는데, 사회적 장벽을 탓하기에 앞서 가난하다는 것이 마치 죄처럼 느껴지는 꽉 막힌 현실 앞에서 가슴은 더욱 답답해집니다. 물질이 정신을 압도하는 천민자본주의의 중심에 서서, 가치관이 전도되는 아노미 현상 속에서 남을 탓해 봤자 아무 소용이 없으니 오로지 답은 나 자신밖에 없습니다.

비록 인생이 막다른 골목에 다다른다 할지라도 먼저 겸허하게 자신에게서 책임을 찾고, 인생에서 길을 잃었다면 기본을 세워 새 길을 만들어 나아가야 할 것입니다.

무엇을 드리겠다는 기분 좋은 말보다 이 어려운 시기를 극복하자면 '기본으로 돌아가 삶의 지혜 속에서 자신을 찾으라.'는 가혹한 말씀을 드릴 수밖에 없는 현실에 그저 가슴이 답답하고 먹먹하기만 합니다.

저는 선인들이 우리에게 선사해 준 '삶의 지혜'를 나 자신에게 편지를 쓰는 마음으로 적어 내려갔습니다. 이 책이 담고 있는 '말의 힘'을 독자 여러분과 함께 호흡하며 공감하고 싶습니다.

또한 여러분이 이 짧은 경구와 명언들을 어떻게 받아들이고 소화할지 스스로 판단하여 자신만의 자양분으로 삼기를 바랍니다. 그리하여 여러분이 더 지혜로워지고, 인생이 새로워지고, 앞날에 경이로운 변화가 일어나기를 진심으로 기원합니다.

김용한

/ 차례 /

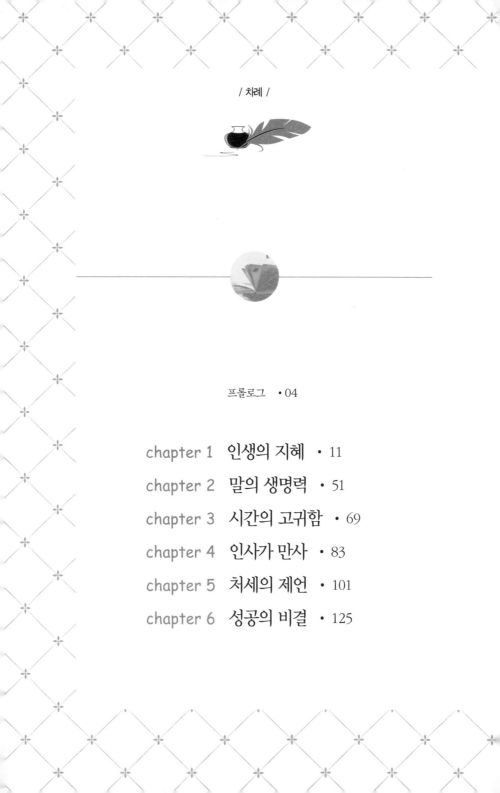

Chapter 1

·

인생의 지혜

기회를 잡으려면
준비된 정신이 필요하다.

루이 파스퇴르(프랑스 화학자, 미생물학자)

그리스 신화에 나오는 '기회의 신' 카이로스는 눈이 보이지 않아 누구에게나 다가가며, 양손에는 저울과 칼을 들고 있답니다. 그러므로 카이로스와 마주치게 되면, 저울로 잘 분별한 후에 칼 같은 결단을 내려야 하지요.

하지만 카이로스의 어깨에는 커다란 날개가 있고 두 발에는 보조 날개가 있어서, 마주친 사람이 우물쭈물 망설이면 네 개의 날개를 가차 없이 펴고 순식간에 날아가 버린다지요. 또한 앞머리에 머리털이 무성해서 앞에서는 쉽게 움켜쥘 수 있어도 뒷머리에는 머리털이 하나도 없어서, 한번 지나가고 나면 다시는 잡을 수가 없다고 합니다.

이렇듯 기회는 왔을 때 재빨리 잡아야 합니다. 그러지 않으면 순식간에 날아가 버리지요. 또한 한번 머리를 돌리고 나면 뒷머리가 민머리라서 잡으려야 잡을 수가 없습니다.

그러므로 기회를 잡으려면 준비가 되어 있어야 합니다. 준비되지 않은 기회는 아무 쓸모가 없습니다. 눈앞에 왔다가 사라지는 허망한 신기루이자, 성과물 없는 후회스러운 고민거리일 따름이지요.

어디 그뿐입니까? 한번 찾아왔던 기회는 두 번 다시 찾아오지 않기에, 그것을 잃을 경우 상실의 대가를 톡톡히 치러야만 합니다.

여러분이 기회를 잡고 싶다면 늘 깨어 있어야 할 것입니다.

지금 이 순간, 기회가 여러분 곁을 맴돌고 있을지도 모를 일입니다.

가난을 탓하지 마라.
나는 들쥐를 잡아먹으며 연명했다.
작은 나라에서 태어났다고 탓하지 마라.
나는 적들의 1백분의 1, 2백분의 1에 불과한 병사로
세계를 정복했다. 배운 것이 없다고 탓하지 마라.
나는 내 이름도 쓸 줄 몰랐지만,
남의 말에 귀 기울이면서 현명해지는 법을 배웠다.
너무 막막하니 포기해야겠다고 말하지 마라.
나는 목에 칼을 쓰고 탈출했고,
뺨에 화살을 맞고도 살아났다.

『CEO 칭기즈칸』 중에서

하늘이 무너져도 솟아날 구멍이 있고, 지진이 나도 살아남을 길이 있습니다.

그러니 어떠한 고통이나 역경이 찾아와도, 절대로 주변 환경과

상황을 탓해서는 안 됩니다. 굳이 칭기즈칸을 들먹이지 않더라도, 그런 태도는 인생의 패배자들만이 하는 변명에 불과할 뿐입니다.

모든 문제의 근원은 여러분의 마음이고, 모든 희망의 원천도 바로 여러분 자신입니다.

그러니 열정으로 장애를 극복하고 인생을 주체적으로 사십시오. 무엇보다 최악의 상황에서도 결코 희망을 잃어서는 안 됩니다.

칭기즈칸은 모든 것을 잃어버린 극한상황을 맛보았기에 강한 열정을 다질 수 있었고, 강한 열정을 다졌기에 세계를 정복할 수 있었던 것이 아닐까요?

여러분은 무엇이 두렵습니까?

인생을 살면서 힘들 때 좌절하기보다는
오늘처럼 성공한 나를 상상하곤 했다.

박해미(뮤지컬 배우)

긍정적인 힘이 성공을 부릅니다.

희망을 내포한 긍정적인 힘은 가능성을 보여줍니다. 그 힘에 확신이 가득하면 성공할 확률이 매우 높습니다.

인생을 살다 보면 누구나 힘들고 어려울 때가 있습니다. 그런데 그 힘든 순간을 극복하느냐, 못하느냐는 다른 사람에게 달려 있는 것이 아니지요. 그것은 오로지 여러분 자신에게 달려 있습니다.

그 힘든 순간에 필요한 것이 바로 '나는 잘될 수 있다. 앞으로는 분명히 잘될 것이다!'라는 확신에 찬 긍정적인 믿음입니다. 거듭 말하건대, 긍정적인 힘을 가지면 틀림없이 잘됩니다.

반대로 '나는 하는 일마다 왜 이래? 나는 할 수 없어!'라고 생각하면서 기가 꺾인다면, 힘든 순간을 극복할 수 없습니다.

여러분에게 진정으로 말하고자 합니다. 일용직 건설 노동자와 대통령 간의 차이는 엄청난 차이도 아니고, 노숙자와 재벌 회장 간의 차이 또한 마찬가지입니다. 시련을 밝고 긍정적인 마음으로 극복하느냐 못하느냐의 차이일 뿐이라고요.

고(故) 노무현 대통령은 농협 입사시험에 떨어져 돈 벌려고 건설 현장에 나갔다가 이가 부러졌고, 고(故) 정주영 현대그룹 회장은 회사에 불이 나 한순간에 모든 것을 잃고 땅바닥에 주저앉아 버린 적이 있었습니다. 그런데도 시련을 극복하고 성공을 일구어 냈습니다.

힘을 내십시오. 긍정적인 힘을 내십시오.

그러면 여러분은 이미 절반쯤 성공한 것이나 다름없습니다.

이 세상에 변하지 않는 것은 없다.
변하지 않는 것이 있다면
"이 세상에 변하지 않는 것은 없다"라는
명제뿐이다.

다니엘 벨(미국 사회학자)

변하지 않는 것은 이 세상에 존재할 수 없습니다. 웬만해서는 꿈쩍도 하지 않을 것 같은 굳건한 바위도 비바람에 조금씩 깎이고 침식당하지요.

영원하리라 믿고 맹세했던 사랑도 세월이 지나면 변하게 마련입니다. 변하지 않기를 간절히 바라기에, 변하지 않을 거라 믿고 싶은 것이 아닐까요? 그러고 보면 인생이란 참으로 허망하기 짝이 없습니다. 그러나 어떡하겠습니까? 자연의 이치가 그렇고 순리가 그런 것을…….

그러니 우리는 인정하고 싶지 않더라도 '세상은 변한다'는 이치를 기억해야 할 것입니다.

그대 일상의 평범한 것들이 다른 사람에게는
정말 소중한 것이 될 수 있다.
그러니 일상의 평범한 것들을 귀하게 여겨라.

지현곤(만화가)

여러분이 재미없어하며 반복하는 일상이 그러고 싶어도 못하는 사람에게는 정말 소중한 일일 수 있습니다. 마찬가지로 그대가 물 쓰듯 쓰는, 사소하기 짝이 없는 듯한 시간도 먼저 세상을 뜬 이들에게는 그렇게도 간절한 내일이었습니다.

목마른 자에게는 물을 마시는 행위가, 굶주린 사람에게는 빵을 먹는 행동이, 곧 세상을 떠나려는 이에게는 단 5분의 시간이 그렇게 간절하고 귀할 수 없을 것입니다. 그러니 역지사지(易地思之)해 상대방의 입장에서 생각하고 이해하려고 하면, 모든 것이 순리대로 보이고 물 흐르듯이 자연스럽게 행할 수 있습니다. 평범한 일상도 절로 귀하고 소중하게 여겨질 것입니다.

인생의 승부는
마지막에 결정 난다.

속담

어릴 때 뛰어난 수재였던 사람들이 어른이 되어 모두 성공하는 것은 아닙니다.

조선 시대에 "어려서 장원급제한 사람치고 판서 된 자 드물다"는 말이 있었지요. '모난 돌이 정 맞는다'는 속담도 있듯이, 어릴 때 수재로 이름을 날린 사람들은 똑똑하기 때문에 견제를 받거나 배척당하기 쉽습니다. 또 공부는 잘할지 몰라도 인성이나 덕성이 부족해 처세를 잘 못하고, 그래서 큰 역할을 맡지 못해 역사의 장에서 밀려나기도 합니다.

요즘도 마찬가지입니다. 어릴 때 재능을 발휘했더라도 덕이 부족한 탓에 인생길에서 도중하차하는 사람들이 비일비재하지 않습니까?

　그러니 혹 여러분이 둔재라 할지라도, 지금도 늦지 않았으니 스스로 맡은 바에 최선을 다하고 인성과 덕성을 갈고 닦아 큰 일을 한번 해보시지요. '대기만성(大器晚成)'이라는 고무적인 말도 있지 않습니까?

　만시지탄(晚時之歎)만 외칠 것이 아니라, '만성지락(晚成之樂)'을 느껴볼 일입니다.

　인생은 시작이 중요한 게 아니라 끝이 중요하기 때문입니다.

굴뚝을 구부리고 섶을 옮겨라
곡돌사신(曲突徙薪)

『한서(漢書)』

곡돌사신(曲突徙薪)은 너무나 일반적인 상식입니다.

굴뚝을 구불구불하게 지어야 활활 타오르는 불길을 다스릴 수 있고, 섶을 멀찍이 옮겨 놓아야 화재를 막을 수 있습니다. 화(禍)를 미연에 방지하자는 말이지요. 하지만 여기에는 더욱 깊은 뜻이 담겨 있습니다. 이것은 지극히 뻔한 상식을 알아채지 못하는 자의 어리석음을 꼬집고, 더 나아가 본질은 놓치고 곁가지에만 신경 쓰는 사람의 미욱함을 경고하는 고사성어(故事成語)입니다.

혹시 여러분도 자만에 빠져 기본적인 상식조차 무시하고 실천하지 않음으로써 스스로 화를 자초하고 있지는 않은지요? 아니, 화를 벌고 있지는 않은지요?

자신에 대한 믿음이
더 큰 세상으로 나아가게 합니다.

삼성그룹 광고

자신을 다지고 기본을 확립해야 앞으로 나아갈 수 있습니다. 자신에 대해 믿음을 가지는 것은 정신적으로 의지를 다지는 것, 기본을 확립하는 것, 마음의 준비를 마치는 것을 의미하지요. 이렇듯 자신에 대한 확고한 믿음을 가지는 것은 여러분을 앞으로 나아가게 하는 강인한 동인이자 강력한 엔진입니다.

여러분이 가진 '자신에 대한 믿음'은 무엇인가요? 기술인가요, 지식인가요, 문화인가요, 철학인가요? 무엇이든 좋습니다. 자신에 대한 믿음이 섰거든 더 큰 세상으로 떠나십시오.

아니, 믿음이 섰다면 여러분은 이미 떠났을 것입니다. 준비가 끝났는데 뛰지 않을 선수가 어디 있겠습니까?

괴로움이야말로 인생이다.
인생에 괴로움이 없다면
무엇으로 만족을 얻을 것인가?

도스토옙스키(러시아 사상가, 소설가)

만약 인간에게 괴로움은 없고 행복한 나날만 존재한다면, 그 행복은 지겨운 괴로움의 또 다른 이름이 아닐까요?

역설적인 언어의 유희가 되는지 모르겠으나, 괴로움과 시련이 있기에 만족과 행복이 존재하는 것이지요. 골이 깊어야 산이 높은 법입니다.

그래요. 엄청난 열이 가해져야 훌륭한 명검이 만들어지듯이, 고되고 엄청난 시련을 겪고 난 사람만이 큰 그릇으로 단련될 수 있지요.

사실 이 명언을 한 러시아 대문호 도스토옙스키는 아시다시피 사형 언도, 감형, 혹한의 시베리아에서 5㎏의 쇠고랑을 찬 유배생활, 아내의 죽음과 재혼, 출판사의 파산, 자신처럼 간질을 앓던 아들의 죽음…….

그는 매일 매일 죽음을 앞둔 날처럼 괴로움의 연속적인 삶을 살아갔습니다. 그러한 괴롭고 험난한 인생 속에서도 그는 그 괴로움을 친구 삼으며 『죄와 벌』『백치』『카라마조프 가(家)의 형제들』 등 인류의 거작을 완성해 냈습니다. 정말 경이롭다고 하지 않을 수 없습니다.

그는 그렇게 남들이 경험조차 해보지 못한 괴로움을 수없이 경험했기에, 마치 진흙 속에서 피어난 아름다운 연꽃처럼 괴로움과 슬픔을 승화시킨 대작을 완성시킨 것이 아닐는지요.

고난을 극복하는 용기와 어려움 뒤에 기필코 찾아오는 기쁨과 만족, 그것이 바로 우리 인생에서의 희망이고 가치일 것입니다.

생각하는 대로 살아야 한다.
그러지 않으면 머지않아
사는 대로 생각하게 될 것이다.

폴 발레리(프랑스 시인, 사상가)

여러분의 인생은 그 누구도 아닌 여러분의 것입니다.

전설적인 CEO 잭 웰치에게 가장 큰 영향력을 끼친 말은 "당신 자신이 되라"는 말이었답니다. 남의 흉내나 내지 말고, 정체성 뚜렷한 나 자신이 되라는 의미가 아닐까요?

우리 주변에는 부모의 강권에 못 이겨 부모가 원하는 공부와 직업을 선택했다가 후회하는 사람들이 많이 있습니다. 사실 그런 사람들은 자신의 인생이 아니라 아버지 혹은 어머니의 인생을 산 것입니다.

인생은 자신의 생각대로, 자신이 하고 싶은 대로 주체적으로 당당하게 살아가야 합니다.

그렇지 않아도 짧은 인생, 무엇 때문에 눈치 보고 주눅 들어 살아가야 할까요? 생각 없이 살다가 인생에서 쫓기는 짐승이 되지 말고, 생각대로 살아 싸움에서 이기는 영웅이 되십시오.

　그렇다면 '사는 대로 생각하는 것'은 무엇일까요? 세파(世波)에 떠밀려 살기에 급급한 모습이 바로 사는 대로 생각하는 것입니다.

　세파에 떠밀리는 대신 스스로 인생을 주도하며 사는 것이 실패하든 성공하든 보람찬 인생일 것입니다.

　몇 년 전, 어느 칠순의 명사가 신문 칼럼에 "다시 태어나도 내가 살아온 인생을 그대로 걷겠다"고 쓴 적이 있습니다. 자기 인생에 얼마나 확신이 크면 그렇게 말할 수 있을까요?

　여러분도 그 명사처럼 후회 없는 인생, 아니, 확신에 찬 멋진 인생을 살아보기 바랍니다.

술에 취해 곤드레가 되어 넘어진다.
마치 옥(玉)의 산이 스스로 무너지는 것과 같다.
누군가가 밀어서 넘어진 것이 아니다.

『고문진보(古文眞寶)』

'자멸(自滅)'이라는 말이 있습니다. 스스로 허물어지는 것을 뜻하지요.

인생에서 '자멸'이라는 말은 정말 심오한 의미를 담고 있습니다.

인생길에서 파멸에 빠져버린 사람들은 대개 남의 잘못에 의해 무너지는 것이 아니라, 스스로의 실책에 의해 허물어진다는 것이지요. 소위 '자살골'로 인해 파멸에 빠진다는 뜻입니다. 다시 말해 그 이유가 자신에게 있지, 결코 '남의 탓'이 아니라는 것입니다.

그런데도 우리는 어떤 일에 실패하기라도 하면 그 이유를 남의 탓으로 돌리려고 합니다. 스스로에 대한 변명이나 위안으로 삼기 위해 '가상의 남'을 만들어 내는 것입니다. 술을 마시지 않았다면 넘어지지 않았을 텐데도 돌부리 때문에 걸려 넘어졌다거나, 전봇대에 부딪혀 넘어졌다고 말합니다.

그러니 자신의 발걸음을 다잡으면서 한 걸음 한 걸음 똑바로 걸어야 하겠습니다.

인생행로에서 넘어지지 않으려면 말입니다.

평온한 바다는 결코
유능한 뱃사람을 만들 수 없다.
(A smooth sea never made a skillful mariner.)

영국 속담

불가(佛家)에서는 "봄바람과 여름비는 만물을 생장하게 하지만, 가을 서리와 겨울의 눈은 만물을 성숙하게 한다"고 말합니다. 인생의 시련과 좌절을 상징하는 가을 서리와 겨울의 눈이 사람을 정신적으로 성숙시킨다는 뜻이겠지요.

그래요. 시련과 좌절 없이는 큰 인물, 유능한 인물이 될 수 없습니다.

사람을 크게 세 가지로 분류해 봅시다. 부모님의 음덕 덕분에 탄탄대로(坦坦大路)를 걷는 사람, 환경이 좋지는 않지만 그릇이 큰 사람, 환경이 좋지 않아 그 불우한 환경에 매몰돼 작아져 버린 사람이 있습니다.

환경이 좋지 못한 경우는 대개 스케일이 작아지기 일쑤이지만, 개중에는 어려운 상황을 극복하거나 위기를 기회로 바꾸는 큰 인물도 있습니다. 저는 이런 사람들에 주목하고자 합니다.

유복한 환경에서 탄탄대로를 걷던 사람은 '시련과 좌절'이라는 거친 파도가 몰아칠 경우 주저앉거나 포기할 수 있습니다. 반면 환경이 좋지 않지만 스케일이 큰 사람은 오히려 그 어려움을 즐기거나 극복해 큰 인물이 되지요.

실제로 큰 인물 중에는 도시 출신보다 농촌 출신이 더 많다는 통계도 있답니다. 대통령이나 총리, 장관 등을 지낸 분들을 떠올려 보면 수긍이 갈 것입니다.

이렇듯 작은 배를 타고 격랑(激浪) 이는 바다를 경험한 사람은 큰 인물이 될 자격이 있습니다.

현재 여러분의 바다는 어떠한가요? 큰 파도가 일고 있습니까? 그렇다면 여러분은 유능한 인물이 될 훌륭한 여건을 갖고 있는 셈입니다.

하늘은 크게 될 인물에게 큰 시련을 안겨주어 강한 의지를 심어주고, 어떠한 비바람에도 흔들리지 않는 자생력을 키워준다 하지 않습니까? 강한 애정을 갖고 있는 사람에게 모진 시련을 주는 것이지요.

그러니 주저하지 마십시오.

인생의 격랑을 스스로의 힘으로 헤쳐 나간다면, 여러분은 이 사회에서 유능한 뱃사람이 될 것입니다.

"운명아, 길 비켜라. 내가 간다!"라고 소리 높여 한번 외쳐보십시오. 시련과 역경의 파도가 걷히고, 반드시 희망의 뱃길이 열릴 것입니다.

두려움은 여러분을 가두고,
희망은 여러분을 자유롭게 한다.

(Fear can make you prisoner. Hope can set you free.)

영화 「쇼생크 탈출」

인생은 두렵기만 한 고생길은 아닙니다.

오히려 자유로운 것일 수 있습니다. 이 세상에 존재하는 것만으로도 행복하니까요.

왜 두렵고, 왜 자유로운가요? 그것은 마음의 중심을 잡고 당당하게 사느냐, 그러지 못하느냐에 달려 있습니다.

항심(恒心)을 가지고 나아간다면 두려움이 없어지고 희망이 샘솟을 것입니다. 그러니 두려움이라는 어둠을 걷어내고, 희망이라는 밝음을 향해 거침없이 달려 나가야 하겠습니다.

무엇이 감히 우리를 두렵게 하겠습니까?

우리가 창공을 나는 새처럼 자유롭고 당당할진대 말입니다.

지독히 화가 날 때는
인생이 얼마나 덧없는가를 생각해 보라.

마르쿠스 아우렐리우스(로마 제국의 황제, 철학자)

화가 나면 화나는 일을 생각하지 말고 인생을 생각해 보라는 의미인데요. 한마디로 역발상이지요.

자질구레한 일에 얽매이지 말고 큰 틀에서 만사를 생각하면 화에서 벗어날 수 있습니다. '사소한 일에 목숨 걸지 말라'는 말도 있듯이 말입니다.

매일 매일 골치 아픈 일들을 일기 쓰듯 적어보세요.

시일이 흐른 후 그 일기를 읽어보면 '피식' 하며 절로 웃음이 나올 것입니다. 그때 그렇게 골치 아프던 일들이 지나고 보니 그야말로 사소한 것이었음을 깨닫고서는 말입니다.

더불어 아옹다옹하며 사는 인생 자체가 허망하기 짝이 없고 참으로 덧없다는 것도 느끼게 되겠지요.

그러니 한번쯤 꽉 찬 머리를 비우고 인생을 음미해 보시지요.

스트레스가 쌓여 참기 힘들면 가끔씩 산 정상에 올라, 개미집같이 작게 보이는 세상을 내려다보는 것도 좋은 방법일 것입니다.

남에게 얼마나 많이 주며 살았는가
하는 것으로 그 사람의 인생의
가치와 무게를 가늠할 수 있다.

이인호(서양사학자)

탈무드는 '인생에 세 친구가 있다'고 말합니다. 첫째는 재산, 둘째는 가까운 친척, 셋째는 남에게 베푸는 선행입니다.

죽음이 임박해 오자 그토록 가깝다고 여기던 첫째, 둘째 친구는 동행하기를 거부했지만, 셋째 친구는 기꺼이 동행하겠다고 했답니다. 그렇다면 죽은 뒤까지도 함께하는 선행이야말로 귀중한 친구가 아닐까요?

탈무드의 이야기가 시사하듯, 남에게 선행을 많이 베풀면 죽은 후에도 선행이 그 사람의 인생의 무게를 더해 주고 가치를 높여 줍니다.

저는 살아생전 베풀고 선행을 쌓은 결과가 어떻게 나타나는

지를 한 사건을 통해 피부로 경험했습니다. 한 날 한시에 태어나 죽는 날까지 극명하게 대비되는 삶을 살았던 한 재야인사와 전직 총리의 죽음을 통해서 말입니다.

그들의 죽음은 당시 큰 화제가 되었고, TV에서도 두 상가의 표정을 생생하게 보여주었습니다. 재야인사의 상가는 늦은 밤까지 수많은 조문객으로 북적댔지만, 살아생전 온갖 부귀와 영화를 누린 전직 총리의 상가는 조문객이 별로 없어 썰렁하기까지 하더군요.

그때 저는 사람들에게 얼마나 많이 베풀며 살았느냐에 따라 그 사람의 인생이 평가받는다는 것을 깨달았습니다.

인생은 늙는 것이 아니라
날로 새로워지는 것이다.

성서

다른 사람이 늙어가는 모습에 자신을 한번 비추어 보십시오.
몸이 늙으면서 마음도 따라 늙는 사람이 있는가 하면, 몸은
늙어도 마음은 청년인 사람이 있습니다. 전자들은 자기가 다시
젊어질 수 없다는 사실에 매몰돼 지레 새로움을 포기하는 반면,
후자들은 나이는 숫자에 불과하다고 여기며 새로운 것에 항상
도전해 나가지요.

여러분은 어느 쪽에 속할 생각인가요?

모든 것은 마음먹기에 달려 있습니다.

사람은 나이가 들수록 원숙해지고, 그와 더불어 인격이 갖추
어지면 달콤한 꽃향기를 풍깁니다. 그러므로 늙는다고 추해지는

것이 아니라, 새로워지고 아름다워질 수 있는 것이지요.

사무엘 울만의 시 「청춘(Youth)」의 일부분을 소개해 봅니다. 이
시는 노인들의 가슴을 뛰게 하고, 마음이 늙어버린 사람들에게
새로운 활력과 영감을 불러일으킬 것입니다.

청춘은 인생의 한 시기가 아니고 마음의 상태이다.
그것은 장밋빛 볼, 붉은 입술, 유연한 무릎의 전유물이 아니다.
그것은 의지, 상상력, 활력 있는 정서의 전유물이다.
이것은 흔히 20세보다 60세의 사람에게 더 많이 존재한다.
사람은 나이 때문에 늙지 않는다.
이상을 버림으로써 늙는다.

작은 일이라고 무시하지 마라.
그 일이 어디로 이어질지는
아무도 모르기 때문이다.

줄리아 모건(미국의 건축 디자이너)

과거에 별것 아니라고 생각했던 일들이 뜻하지 않게 결정적인 도움을 줄 수가 있습니다.

그러니 아무리 작고 사소한 일일지라도 성실하게 온 정성을 기울여 처리해야 합니다. 특히 실수에 대해서는 작은 것이라도 절대 간과해서는 안 됩니다.

요즘 같은 불확실성과 단절의 시대에는 단 한 번의 실수로도 벼랑 끝에 내몰릴 수 있습니다. 작은 실수가 큰 화근이 될 수 있다는 뜻이지요. 또한 자신은 물론 남에게 큰 피해를 입힐 수 있는 위험성까지도 생각해야 합니다.

조그만 구멍 하나 때문에 둑이 무너지고, 들판의 작은 불씨가 큰 들불이 되지 않습니까?

그러므로 작은 일에도 결코 방심해서는 안 될 것입니다.

서로의 차이를
긍정적으로 이용하라.

달라이 라마(티베트 승려)

달라이 라마는 이렇게 말했습니다. "서로 다른 관점으로부터 지혜를 얻도록 노력해야 합니다. 힘을 통해서가 아니라 자각과 상호 존중을 바탕으로 폭력을 최소화해야 합니다. 대화를 통해 다른 사람의 입장을 이해하고 나의 견해를 나누어야 합니다."

오늘을 살아가는 우리에게 진정으로 유효한 말씀입니다.

우리는 개인이기주의나 집단이기주의에 빠져 허우적거리고 있습니다. 역지사지(易地思之)하지 않고 다른 사람의 입장이나 관점을 전혀 인정하지 않기에 혼란스러움이 벌어지는 것입니다.

우리는 '다름'을 인정해야 합니다.

토론이나 대화에서, 그리고 일상생활에서 다름을 인정해야 실타래처럼 엉킨 문제를 풀어나갈 수 있습니다. 이것은 또한 서로를 긍정적으로 발전시킬 수 있는 길이기도 합니다.

그 다음에는 같음을 추구하려는 노력만 경주하면 됩니다.

그렇게만 하면 물리적인 힘도, 폭력도, 요즈음의 '큰 목소리 필승'이라는 살벌한 구호도 필요 없는, 참으로 훈훈한 세상이 될 것입니다.

한마디로 '말이 되는 세상' '말이 통하는 소통의 세상'이 될 것입니다.

같은 사물이라도 보는 사람의
마음가짐에 따라 다르게 보인다.

톨스토이(러시아 사상가, 소설가)

태조 이성계와 무학대사 간의 유명한 일화가 있습니다.

어느 따스한 봄날, 태조와 무학대사가 서로 농담을 하면서 희롱삼매(戲弄三昧)에 빠져들었습니다.

태조가 먼저 말했습니다. "우리 둘 중 누가 농담을 잘하는지 내기 한번 해보지 않겠습니까?"

무학대사가 대답했습니다. "전하께서 먼저 해보십시오."

그러자 태조가 먼저 농담을 걸었습니다. "내가 스님을 자세히 쳐다보니 꼭 돼지처럼 생겼습니다그려."

무학대사가 대꾸했습니다. "제가 보니 전하께서는 꼭 부처님처럼 생기셨습니다."

무학대사의 대답에 태조는 뜻밖이라는 듯 되물었습니다. "어째서 내 농담을 받아치지 않는 게요?"

무학대사는 천연덕스럽게 대답했습니다. "돼지의 눈으로 보면 모두가 돼지로 보이고, 부처의 눈으로 보면 모두가 부처님으로 보이는 법입니다."

그렇습니다. 우리는 마음의 눈으로 넓고 깊게, 그리고 긍정적으로 보아야 합니다.

혹시 여러분은 평소 남의 실수나 잘못을 들추어내려는 부정적인 마음을 갖고 있지는 않은지요? 그렇다면 한시바삐 긍정적인 마음으로 바꾸십시오.

부정적인 마음이 자꾸 쌓이면 결국에는 악행으로 이어지게 됩니다.

최선을 다해 택한 '차선'은
'최선' 이상의 가치가 있다.

김대중

인생은 선택이지요.

개그맨 이휘재는 어느 TV 프로그램에서 "그래, 결심 했어!"라고 말하며, 서로 다른 두 가지 선택이 가져오는 인생의 파노라마들을 생생하게 보여준 바 있습니다. 「나비 효과」라는 영화에서도, 다른 선택으로 인해 전혀 다른 인생을 살게 되는 모습이 실감나게 전개됩니다.

그래요. 인생은 피할 수 없는 선택의 연속이지요. 선택하는 것이 인생이라면 우리는 최선의 선택을 해야겠지요.

하지만 지고지순(至高至純)한 최고의 선택은 이 세상에 존재하지 않을지도 모릅니다. 대신 차선만이 우리를 기다리고 있을 뿐이지요.

그러므로 우리의 선택이 비록 차선이라 할지라도, 나중에 후회하지 않도록 혼과 열정을 다해야 할 것입니다. 그러면 최선 같은 차선이, 아니, 최선 이상의 차선이 되지 않겠습니까?

'최선'에만 목을 매 일희일비하지 않고 '긴 호흡'으로 살아가려고 노력한다면, 하루하루에 충실한 '최선'의 삶이 될 것입니다.

희망은 조물주가 만든
최고의 명약이다.

이희대(전 강남세브란스 암센터장)

이희대 교수는 암을 치료하는 의사인 동시에 자신도 암을 앓은 사람입니다.

그러다 보니 암환자들의 고통과 절망을 누구보다 절절히 알고 있습니다. 그런 그가 '희망'을 이야기했습니다.

암세포는 누구에게나 존재한다고 합니다.

그 암세포를 이겨내게 하는 것은 다름 아닌, 신이 주신 '희망'이라는 선물이랍니다. 바꾸어 말하면, 우리는 고통과 시련에 빠져 있다 해도 '희망'이라는 한 줄기 빛이 있기에 살아갈 수 있는 것입니다.

만일 '희망'이 존재하지 않는다면 세상은 칠흑 같은 어둠이 계속될 것입니다.

　그러나 두려워 마십시오. '희망'이 내뿜는 밝은 빛이 따뜻한 햇살같이 늘 여러분과 함께할 것입니다. 빈부나 지위, 국경이나 장소, 나이에 상관없이 말입니다.

　빛이 어둠 속에서 더 강렬하듯이, 괴로운 사람이나 불쌍한 사람, 고통과 신음 속에서 살아가는 사람들에게 희망은 더 밝은 빛을 발할 것입니다.

Chapter 2

•

말의 생명력

칼에는 두 개의 날이 있지만,
사람의 입에는 백 개의 날이 있다.

베트남 속담

공직이나 지도층에 있는 사람이 조심해야 할 것이 세 가지 있습니다. 바로 말조심, 돈조심, 술조심이지요.

그 중 가장 중요한 것이 말조심입니다.

『전당서(全唐書)』에 나오는 구화지문(口禍之門)은 '입이 곧 재앙의 문이니 말을 삼가라'는 뜻이고, 주희(朱熹)가 가르친 수구여병(守口如瓶)은 '독에서 물이 새지 않도록 입을 다물라'는 뜻입니다.

나쁜 말 중에서도 가장 지독한 것이 '독설(毒舌)'입니다. 독설은 글자 그대로 '의도된 독(毒)'입니다. 독설이나 저주를 뱉은 사람의 침을 쥐한테 투여했더니 쥐가 곧 죽더라는 이야기가 있듯이, 독설은 상대방의 가슴에 쉬이 치유될 수 없는 상처를 남기는 법이죠.

　말에는 상대가 있고 책임이 따릅니다. 그러니 우리는 항상 깊이 생각하고 말하지 않으면 안 될 것입니다.

현명해지기란 무척 쉽다.
머릿속에 떠오른 말 중 어리석다고
생각되는 말을 하지 않으면 된다.
(It's so simple to be wise. Just think of
something stupid to say and then don't say it.)

샘 레븐슨(미국 시인)

현명은 곧 상식입니다. 현명해 보이려고 자꾸 말을 많이 하면 밑천이 드러나게 되지요.

"말로써 말 많으니 말을 말까 하노라"라는 격언을 새겨보는 것도 좋겠습니다.

그러니 될 수 있는 한 말을 아껴야 할 것입니다.

'머릿속에 떠오른 말 중 어리석다고 생각되는 말을 하지 않으면 된다'는 이 문장의 뜻은, 꼭 할 말만 해야 한다는 뜻일 것입니다.

말은 생각의 집이고,
글은 말의 수레이다.

공자

　말은 사상의 표현이고, 글은 말을 나타내는 수단이자 사상을 형성하고 소통하는 매개체입니다.

　한 사람의 말은 그 사람의 인격의 또 다른 얼굴이고, 글은 그 사람의 사상을 보여줍니다.

　그러니 되는대로 말을 내뱉어서는 안 되고, 글 역시 깊이 생각하면서 신중하게 써야 하겠습니다.

　마음에서 우러나오는 진실한 말과 확고한 철학이 담긴 글은 이성에만 의존하는 말이나 글과는 달리, 울림이 있고 도덕적 권위가 실리게 마련이지요.

지혜는 듣는 데서 오고,
후회는 말하는 데서 온다.

영국 속담

말하는 데는 약간의 생각이 필요하지만, 듣는 데는 많은 생각이 필요합니다.

많은 생각을 한다는 것은 깊이 새겨 무엇인가를 탐구하려는 자세이고, 약간의 생각을 한다는 것은 자신의 얕은 지식을 포장해 활용하려는 자세일 것입니다.

다시 말해 지혜는 깊은 생각에서 우러나오고, 후회는 얕은 지식을 장황하게 늘어놓는 데서 발생합니다.

여러분의 삶을 한번 돌아보세요. 쓸데없이 말을 많이 하다 실수해 후회 막심한 적은 있어도, 침묵을 지키거나 남의 말을 경청하다가 잘못된 경우는 거의 없었을 것입니다.

그러므로 말을 많이 하는 사람이 두려운 것이 아니라, 많이 듣는 사람이 두려운 법이지요.

그러니 할 말만 하고 많이 듣는 습관을 가져보는 것이 어떨는지요?

뭇 입은 무쇠도 녹인다.

『삼국유사』

입소문은 정말 무섭습니다. 삽시간에 퍼져 나갑니다. 오죽하면 '발 없는 말이 천리를 간다'는 속담까지 생겨났을까요?

그래서 기업에서도, 정치에서도 입소문을 '구전 홍보'라는 이름으로 널리 활용합니다.

우리나라 구전 홍보의 효시는 백제 무왕이 지은 「서동요」이지요. 신라의 선화 공주를 사모하여 경주의 아이들에게 부르게 했고, 결국 그녀를 아내로 얻게 되었다는 노래 말입니다.

하지만 뜬소문이나 근거 없는 이야기는 그리 빠르지도, 오래가지도 않습니다. 진정성이나 자생력이 약해 쉬이 사그라질 수밖에 없지요.

뭇 입이란 뭇 사람들의 공통된 정서요, 마음이라 할 수 있습니다.

뭇 입은 발도 없이 다니면서 공통된 흐름을 형성합니다. 이른바 여론, '민심'입니다. 그것이 발전하면 '천심'이 되지요.

뭇 입의 소리는 크고 멀리 퍼져 나가는 법입니다.

현명한 사람의 입은 마음에 있고,
어리석은 사람의 마음은 입에 있다.

솔로몬 왕

하지 않아도 될 말을 하거나, 하지 말아야 할 말을 하는 바람에 설화(舌禍)를 입는 사람들을 종종 보게 됩니다.

정말 안타깝습니다. 조금만 신중했다면, 조금만 말을 가려서 했다면 그런 일은 정녕 없었을 텐데 말입니다.

모두 깊이 생각하지 않고 나오는 대로 말을 내뱉어서 일어나는 불행이지요. 마음에서 우러나오는 말을 한다면 그런 불미스러운 일이 벌어지겠습니까?

깊은 사고 끝에 마음에서 우러나온, 생명력 있는 말 한마디는 여러분의 인격을 한층 높여줄 것입니다.

무례한 말 한마디가
사랑의 불을 끈다.

「말 한마디」(작자 미상의 시詩)

무례한 말 한마디는 차가운 얼음과 같습니다.

사랑하는 사람과의 교류, 직장, 더 나아가 국가 간의 외교활동에서 무례한 말 한마디는 관계를 냉각시킵니다. 잘 나가던 관계를 하루아침에 무너뜨리는, 사람 사이의 관계에 매우 해악을 끼치는 요인이지요.

또한 무례한 말은 어쩌면 일종의 폭력일 것입니다. 상대방에게 깊은 상처와 고통을 안겨주니 말입니다.

그러니 우리는 일상생활에서 무례한 말을 사용해서는 안 되겠습니다.

침묵은 한마디 말보다
더 감동적이다.

토머스 칼라일(영국 비평가)

침묵은 금이요, 웅변은 은입니다.

조리 있고 설득력 있는 웅변도 침묵보다 못할진대, 사람들은 왜 앞에 나서서 말하지 못해 안달할까요? 잘난 체하고 싶고, 우쭐해 보고 싶으며, 남보다 낫다는 우월감을 드러내고 싶어서이지요.

자신의 밑천이 드러나 보기 흉한데도, 그것을 아는지 모르는지 입에 거품을 뭅니다.

'든 사람'이나 '된 사람'들은 가능한 한 말을 삼갑니다. 인격이 갖추어져 겸허한 사람에게 무슨 말이 그렇게 필요하겠습니까?

군자가 하나의 사물을 보고 아무 말 없이 빙그레 웃으며 고개를 끄덕이는 모습은 눈먼 장삼이사(張三李四)들이 코끼리 한 마리를 놓고서 '둥글다, 구멍이 있다, 기다란 막대기 같다'며 떠들어대는 것보다 훨씬 호감이 갑니다.

공직자 청문회를 보면, 수많은 의혹을 받는 후보자가 의혹을 모면하기 위해 말마다 사족을 달아 사태가 악화되는 경우가 많습니다.

"당을 사랑해서 투기했다."

"남편이 선물로 부동산을 사주었다" 등등.

말이라고 다 말이 아닙니다. 머리에 떠오른다고 해서 불쑥 말해 버리면 내면이 비어 있다는 것을 드러내는 한편, 듣는 사람들을 바보로 여기는 것 같아 더욱 분노를 사게 됩니다.

그러니 될 수 있는 한 침묵을 지키고, 가슴에서 우러난 언어로 답해야 합니다. 그러면 사람들이 조금이라도 수긍을 하게 될 것입니다.

우리는 침묵이라는 언어를 익혀야 합니다. 침묵은 곧 품격이기 때문입니다.

정치인의 말은 정치의 모든 것이다.
그러므로 그 말을 지켜라!

팁 오닐(전 미국 하원의장)

정치인의 밑천은 인격과 지혜가 융합된 명예이고, 무기는 오로지 '말'입니다. 따라서 정치인은 '말'로 시작해 '말'로 끝나게 되어 있습니다.

유감스럽게도 오늘날의 정치인들은 자신이 뱉은 말을 지키지 않을 뿐만 아니라, 같은 말이라도 상황에 유리하게 활용하려고만 합니다.

말은 깊은 생각에서 우러나와 그 사람의 심중과 철학까지 드러나야 하는데, 어찌 된 영문인지 요즘의 정치인들은 언어의 유희처럼 가볍게 말을 구사하고 책임지려고도 하지 않습니다. 그러기에 정치인의 명예는 땅바닥에 떨어지고 있습니다.

설상가상으로 요즘에는 인터넷과 SNS의 발달 때문인지 모르겠으나, 정치인들이 무조건 군중의 관심을 끌기 위해 막말과 폭언 등 도 넘은 발언들마저 마구 쏟아내고 있습니다. 심지어 미국에서조차 자기 지지 세력을 결집시키기 위해 한 유력 정치인이 인종차별적인 발언을 쏟아내는 바람에 총격사건까지 일어나고 있다는 말도 나돌고 있습니다.

이처럼 정치인들의 인기 영합적인 막말 퍼레이드가 전개될 때면 민주주의의 모체이며 신사의 나라인 영국 의회의 절제된 전통이 떠오릅니다.

영국 의회에서는 동료 의원을 최소한 '명예로운 의원께서…'로 거명하며 예의를 지키고 있고, 발언 중에는 절대로 '거짓말쟁이' '바보' '비겁자' '나쁜 놈' 등의 금기어를 사용할 수 없을 뿐만 아니라, 만일 사용한다면 국회의장의 강한 제재가 가해지고 더욱 심할 경우에는 국회의사당 시계탑 방에 갇히게도 된다는 것입니다.

인간은 위치가 올라갈수록 그 위치에 걸맞게 말에 대한 품격(品格)과 향기 나는 금도(襟度)가 우러나야 합니다.

말은 지키기 위해 존재하는 것이죠. 설령 정치인이 아니더라도, 한번 내뱉은 말은 꼭 지키는 신의 있는 사람이 되어야겠습니다.

그들은 저급하게 가도,
우리는 품위 있게 가자.
(When they go low, we go high.)

미셸 오바마(전 미국 대통령 오바마의 부인)

한마디로 정치판은 자신들의 정파적 이익이라면 수단 방법을 가리지 않습니다. 특히 복잡다기(複雜多岐)한 국제 정세 속에서 세계 정치 지도자들이 요즘 들어 부쩍 경고음을 내며 자국의 이익을 위해 질주하고 있는 양상입니다.

그들은 대국으로서의 최소한의 도덕성과 품격도 없이 금도마저 저버린 채 자국 이익 최우선주의와 자원 민족주의만을 위해 서로에게 막말과 폭언을 구사하고 있습니다. 특히 우리의 우방이라고 표현되는 지도자들의 볼썽사나운 행위가 더욱 우리의 마음을 아프게 합니다.

그래도 미국 44대 재선 대통령을 지냈고 2009년 노벨평화상까지 수상한 버락 오바마 대통령은 비록 흑인이었지만 세계 대통령답게 말과 언행에는 품격이 있었습니다. 설득력이 있고 유연하게 국제협력 노선도 잘 진행시켰습니다.

2017년 미국 민주당 전당대회의 힐러리 클린턴 대선 후보 지지연설에서 바로 그 버락 오바마 대통령의 부인인 미셸 오바마는 "그들은 저급하게 가도, 우리는 품위 있게 가자"(When they go low, we go high)라고 말해, 품격 없는 저급한 지도자들을 일거에 녹다운시키고 말았습니다.

듣는 여러분들도 속이 다 시원하시죠? 바로 이 말이 지금 국제 사회가 가야 할 메시지이고, 우리 정치인들이 지켜야 할 덕목일 것입니다.

Chapter 3

•

시간의 고귀함

오늘은 당신의 남은 생의 첫날이다.
(Today is the first day of the rest of your life.)

영화 「아메리칸 뷰티」

비장한 말입니다.

하루하루를 인생의 마지막 날이라는 생각으로 임한다면, 소중한 인생의 첫날로 생각하고 임한다면, 오늘에 대한 여러분의 태도는 어떻게 달라질까요? 귀중함을 넘어 절대적이고 신성하다는 생각이 들지 않겠습니까?

언젠가 명사들이 유서를 써서 그것을 책으로 만든 일이 있었지요. 아마도 그 책에는 이승에서 머무는 순간순간의 소중함과 조금밖에 남지 않은 시간에 대한 안타까움이 절절이 배어 있을 것입니다.

오늘 이 순간은 어제 사망한 사람이 그토록 간절하게 기다리던 내일이라는 말도 있습니다. 이처럼 오늘, 이 순간의 중요성은 아무리 강조해도 지나치지 않을 것입니다.

그렇기에 여러분은 오늘을 화장실의 휴지처럼 마구 허비해서는 안 됩니다.

오늘을 생의 마지막 날로, 혹은 생의 첫날로 여겨 가장 충실하고 열정적으로 보내면 어떻겠습니까?

춤추어라, 아무도 보고 있지 않은 것처럼.
사랑하라, 한 번도 상처 받지 않은 것처럼.
살아가라, 오늘이 그대의 마지막 날인 것처럼.

한창때는 다시 오지 않고,
하루가 지나면 그 새벽은 다시 오지 않는다.

도연명(중국 남북조 시대의 시인)

시간은 쏘아버린 화살과 같아 되돌릴 수 없고, 다시 돌아오지도 않습니다. 그러므로 지금 이 시간, 이 순간은 다시없이 귀중합니다.

쉽게 말하자면, 놓쳐버린 그날의 끼니를 아무리 다시 찾아 먹으려 해도 그 끼니는 절대 다시 찾아 먹을 수 없다는 얘기입니다.

다시없는 오늘이니, 소중하고 고마운 마음으로 오늘을 보내 후회 없는 하루로 만드십시오.

더 열심히 그 순간을 사랑할 것을.
모든 순간이 다 꽃봉오리인 것을.

'너무 늦었어'라고 말해서는 안 된다.
새로운 시작을 위한 시간은 언제나 있다.

금언

우리는 너무 늦었다는 이유로 쉽사리 포기하는 경향이 있습니다. 나이가 젊은데도 생각이 늙은 사람이 있는가 하면, 나이가 아무리 많아도 생각이 푸르른 사람도 있습니다. 그러니 생물학적으로 나이를 핑계로 미래를 포기한다는 것은 어불성설이지요.

생각이 푸르른 사람은 미래에 대한 확신과 집념이 강한 사람이고, 생각이 늙은 사람은 미래에 대한 확신이 없는 사람일 뿐입니다. 다시 말해 확신과 집념에 관한 문제라는 뜻입니다.

그러니 새로운 시작을 위한 여지는 언제나 있는 법입니다.

포기를 모르는 강한 신념을 갖고 새롭게 시작해 봅시다. 결코 늦지 않았습니다.

시간은 인간이 쓸 수 있는
가장 값진 것이다.

테오프라스토스(그리스 철학자)

조지 W. 부시 전(前) 미국 대통령의 자서전 『맡아야 할 본분』을 보면, 그의 친구인 에드 영 목사가 수백 명의 교인 앞에서 한 감동적인 설교의 일부분이 인용되어 있습니다. 에드 영 목사는 이렇게 말했다고 합니다.

"저는 지금 여러분 각자에게 거금 86,400 달러씩을 나누어 드리려고 합니다. 그 돈은 온전히 여러분의 것입니다. 너무나 손쉬운 벌이이죠.

대신 여러분은 오늘 하루 동안 그 돈을 남김없이 다 써야 합니다.

어려울 때를 대비해 저축해 두면 안 됩니다. 주식에 투자하거나 노후대책 비용으로 사용해서도 안 됩니다. 어떤 상품을 특별 주문하거나 상품의 가격이나 품질을 비교할 시간도 없습니다.

86,400 달러로 자동차나 보트나 보석 중 하나를 사든지, 아니면 더 좋은 것을 사든지 하십시오. 단, 조건은 오늘 하루 동안 그 돈을 전부 다 써야 한다는 것입니다."

여러분도 한번 상상해 보시지요. 어디에 가서 무엇을 사야 할까, 정신없지 않은가요?

자, 그럼 이제 현실을 환기해 봅시다.

그 목사는 사실 돈이 아니라 시간에 대해 말한 것입니다. 나중에 돌려받을 수 없는 하루 24시간, 즉 86,400 초라는 시간 말입니다.

정신이 번쩍 들지 않는가요?

그렇습니다. 여러분은 86,400 달러의 자본금을 가진 CEO랍니다. 그 귀중한 자본금을 어떻게 활용하겠습니까?

모든 순간을 최대한 잘 이용하고, 뒤로 미루는 버릇을 버리며, 지나친 조심성을 떨쳐 버리고 과감하게 도전해 보십시오. 그러면 위대한 승자가 될 수 있습니다.

지금 내게 주어진 것은 오늘뿐
내일을 오늘로 당겨 쓸 수도,
지나간 어제를 끌어와 부활시킬 수도 없다.
바로 지금 이 순간에 몰입하라.
이 순간이야말로 세상이 여러분에게 주는
가장 소중한 선물이다.

스펜서 존슨의 『선물』 중에서

스펜서 존슨이 강조하고자 하는 것은 '현재에 몰두하고 충실하라'는 것입니다.

"오늘은 다시없는 오늘이니 오늘을 오늘답게 보내야지."

저의 고등학교 은사께서 귀에 딱지가 앉도록 강조하신 말씀입니다.

우리는 좋았던 과거를 추억해 힘을 낼 수는 있되, 과거를 끌어들여 현재로 만들 수 없고, 앞으로 다가올 내일에 대해 희망을 가질 수는 있되, 현재로 당겨 쓸 수도 없습니다.

과거에서 교훈과 추억을 생각하되 집착하지 말고, 미래에 대해서는 걱정과 불안 대신 희망을 갖고 준비하면 되는 것입니다.

우리는 공기와 물의 소중함을 모르듯, 신이 아무 대가 없이 베풀어 주신 이 순간을 마구 허비하고 있습니다. 공기와 물이 없다면 인간이 생존할 수 없듯이, 시간이 정지된다면 삶이란 있을 수 없겠지요.

지금 이 순간, 숨을 깊게 들이마신 다음 길게 내뱉어 보십시오. 그리고 신이 주신 이 귀한 선물을 어떻게 관리할 것인지 생각하며 새 출발을 계획해 보십시오.

시간은 돈보다 소중하다.

금언

능력이 탁월하다면 돈은 무한대로 벌 수 있지만, 시간은 누구에게나 공평하게 한정되어 있어 늘릴 수 없습니다.

여러분은 시간을 고무줄 늘리듯 늘릴 수 있는가요? 그것은 세상 어느 누구도 할 수 없는 일입니다.

돈으로 시간을 살 수 있을까요? 아니, 결단코 그럴 수 없습니다.

반대로 시간으로 돈을 살 수는, 아니, 돈을 벌 수는 있습니다.

그렇다면 돈과 시간 중 어느 쪽이 더 소중한가요? 물론 돈도 소중하지만, 인생의 이치를 따져볼 때 시간이 더욱 귀합니다.

이제부터는 '시간은 돈이다'라는 말을 버리고, '시간이 돈보다 더 귀하다'고 말해야 할 것입니다.

그러므로 약속 시간에 늦거나 사소한 일에 시간을 오래 끌어, 돈보다 더 값진 남의 시간을 마구 허비하게 하지 마십시오. 남의 시간을 함부로 도둑질하지 말라는 뜻입니다.

사람에게 소중한 것은 이 세상에서
몇 년을 살았느냐가 아니다.
이 세상에서 얼마만큼 가치 있는
일을 하느냐 하는 것이다.

오 헨리(미국 작가)

지금까지 살아오면서, 이 세상에서 오래 살았다고 자랑하는
사람을 보지 못했습니다. 오래 사는 것이 분명 나쁘지는 않겠지
만, 그렇다고 아주 가치 있다고는 판단하기 어렵습니다. 가늘고
길게, 별 보람 없이 오래 산 사람이 많을 수도 있기 때문입니다.

가치 있는 일이란 무엇을 의미하겠습니까? 이기심으로 똘똘
뭉쳐 자기 자신만 부귀영화를 누린다고 가치 있는 일이라 평가
할 수 있겠습니까? 아닐 것입니다. 아마 가치 있는 일이란 권
력과 명예와 돈을 떠나 분명히 이타심(利他心)에서 비롯되는 일

일 것입니다.

그러니 하루를 살더라도 남을 위해 굵게 살아야겠습니다. 설사 누가 알아주지 않더라도 확신에 찬 그런 삶을 말입니다.

실제로 비록 짧은 삶을 살다 갔지만, 오랜 세월을 산 사람보다 훨씬 더 묵직한 업적을 이룬 사람이 많습니다. 살신성인(殺身成仁)의 정신을 발휘해, 지하철역 선로에 떨어진 일본인 취객을 구하려다 숨진 한국인 유학생 이수현 씨, 또한 항상 '죽음을 생각하며' 혁신적으로 도전함으로써, 애플 컴퓨터와 매킨토시 그리고 아이폰 등을 세상에 선사해 사람들의 생활을 크게 변화시키고 IT 혁명을 선도했을 뿐만 아니라, 그로 인해 중동의 역사까지 크게 뒤바뀌게 만든 스티브 잡스…….

인생이 평면이 아니라면, 입체적인 크기로 볼 때 그분들의 삶의 부피는 오래 산 사람들보다 훨씬 더 클 것입니다. 너무나 굵은 인생이기에, 너무나 큰 영향을 끼친 인생이기에 그런 생각이 듭니다.

Chapter 4

•

인사가 만사

사람이 기업을 키우고,
기업 속에서 인재가 자란다.

유상옥(코리아나화장품 회장)

21세기는 인재 확보 전쟁의 시대이고, 인재가 기업 경쟁력의 근본이 되는 인재 경영의 시대입니다. 더욱이 세계화, 정보화 시대여서 어느 조직에서나 핵심 인재의 중요성은 아무리 강조해도 지나치지 않습니다.

한마디로 인재제일주의 시대입니다.

기업은 조직이므로 사장 혼자만의 힘으로는 절대로 키울 수가 없습니다. 직원들과 합심해서 이끌어 나가야 기업을 성장시킬 수 있습니다.

복잡다기한 현대 사회에서는, 세계적인 무한경쟁 속에서는 인재의 중요성이 더욱 부각됩니다.

앞으로는 독불장군형인 I자형 리더십보다 조직원들과 함께하는 W자형 리더십이 힘을 발휘할 것입니다. 다시 말해, 일방적인 지시보다는 활발한 의사소통이 조직에 활력을 불어넣을 것입니다.

직원들도 마찬가지입니다. 조직과 함께 커나가야 한다는 이치를 명심해야 하겠습니다.

독불장군은 결코 성공할 수 없습니다.

유능한 간부는 일을 맡길 적임자를
고르는 감각을 가지고 있어야 하며,
그가 그 일을 하는 동안 간섭하지
않을 만큼 자제력을 가져야 한다.

프랭클린 루스벨트(미국 32대 대통령)

유능한 간부는 사람 보는 안목을 갖추어야 합니다.

어떤 과제를 누구에게 맡길 것인가를 정말 잘 판단해야 합니다. "인재를 얻기가 어려운 것이 아니라 알맞게 쓰기가 어렵다"는 말도 있지 않습니까?

사람 중심으로 생각하면 규정된 틀 속에 끼워 넣는 우를 범할 우려가 있습니다. 일 중심으로 생각해야 효율적인 인사를 할 수 있지요.

사람은 일을 처리하는 데 필요한 수단인 동시에 주체라는 뜻입니다. 간단히 말해, 좋은 인사 원칙은 일에 맞추어 그 일에 가장 적합한 사람을 배치하는 것입니다.

이 원칙보다 더 중요한 것이 또 있습니다. 일단 가장 적합한 사람을 선택했으면 믿고 맡겨야 한다는 점입니다.

백범 김구 선생은 "사람을 믿지 못하겠으면 애당초 쓰지를 말고, 일단 썼으면 무조건 믿어라"라고 말했습니다. 인재를 발탁해 놓고 미주알고주알 간섭을 한다면 그 인재를 발탁한 의미가 희석될 뿐만 아니라, 일하는 사람의 의욕에 찬물을 끼얹는 일이 될 것입니다.

그러니 간섭하고 싶은 욕망을 자제하여, 그 인재가 역량을 최대한 발휘할 수 있게 해주는 것이 무엇보다 중요합니다. 그러면 그 인재는 최대한의 창의성과 열정을 발휘하여 맡겨진 일을 성공리에 해낼 것입니다.

두 사람이 마음을 합치면
그 예리함으로 쇠도 자를 수 있다.

이인동심 기리단금(二人同心 其利斷金)

– 『주역』

사람들의 모습이 각기 다르듯, 사람들의 마음도 제각각입니다. 세상에 똑같은 마음을 가진 사람이 어디 있겠습니까?

그러나 마음은 달라도 추구하는 목표나 철학이 같다면 하나가 될 수 있습니다.

다르지만 하나로 조화된 힘은 세상을 바꿀 수 있을 만큼 위대합니다. 쇠도 자를 수 있고, 안 되면 녹일 수도 있는 강렬한 힘처럼 말입니다. 혁명이 그러했고, 큰 전쟁이 그러했습니다.

아무리 역량이 뛰어난 사람이라도 혼자서는 큰일을 벌일 수 없습니다.

그러니 여러분이 큰 뜻을 품었다면, 개성이 달라도 한 마음이 될 수 있는 진정한 동지를 만들기 바랍니다. 한 사람도 좋고, 두 사람이면 더욱 좋겠지요.

그러면 못 할 일이 없습니다.

삼밭 속에서 자란 쑥은
붙들어 주지 않아도 곧게 자란다.

『고시원(古詩源)』

좋은 친구들 사이에 있으면 저절로 그들처럼 훌륭해진다는 의미입니다.

유유상종(類類相從)이라는 말이 있지요. 비슷한 부류의 사람들끼리 만나는 것을 비유한 말이지요. 쉬운 표현으로는 '끼리끼리 논다'는 뜻입니다.

'사람을 평가하려면 그 사람의 친구를 보라'는 말도 있지요.

문제는 좋은 친구는 저절로 생기지 않는다는 것입니다.

누군들 삼밭 속에서 자라는 쑥이 되고 싶지 않겠습니까? 저도 그렇게 되기를 '불감청 고소원(不敢請 固所願)'하고 있습니다.

그러자면 사람을 볼 줄 아는 안목과 치열한 노력이 필요합니다.

기왕 맺어진 친구들을 무 자르듯 버릴 수는 없기에, 나쁜 일에 휘말리지 않도록 주의해야 합니다. 그리고 정말 좋고 뜻이 맞는 친구가 보일라치면, 마음의 문을 활짝 열고 최선을 다해 우정을 다져야 합니다.

이참에 저도 내일부터 인생의 삼밭을 찾아 나서겠습니다. 인간은 주변 사람들에게 영향 받기 쉬운, 연약하고 민감한 존재니까요.

사람들의 성격이 모두 나와
같아지기를 바라지 마라.
매끈한 돌이나 거친 돌이나
제각기 쓸모가 있는 법이다.

도산 안창호

하느님께서는 모든 사람에게 그 사람만의 고유한 성격과
재능을 부여하셨습니다. 같은 부모에게서 태어난 자식들조차
각각 개성이 다릅니다.

어쩌면 나 자신조차도 시간에 따라 달라질지 모를 일입니다.

하물며 다른 사람의 성격이 자신과 같기를 바란다면 어불성
설(語不成說)입니다.

그렇지만 다양한 성격의 사람들일지라도 나름대로 다 가치가
있고, 조직 내에서 중히 쓸 수가 있답니다.

나와 다른 성격이 존재할 수 있음을 인정해야 합니다. 그것이
인간관계의 기본이자 출발입니다.

자고로 흥하고 망한 나라를 살펴보라.
모든 원인은 당시에 어진 신하를 등용했느냐,
아니면 간신을 등용했느냐에 따라 판가름 났다.

염선이 『열국지(列國志)』를 읽고 지은 시 중에서

인사(人事)가 만사(萬事)입니다. 사람을 잘 써야 모든 일이 잘 풀리는 법입니다.

마찬가지로 국가에서도 사람을 잘 등용해야 발전을 도모할 수 있음은 당연하지요.

그런데 인사라는 것이 참으로 어렵습니다. 대상자가 역량 있어 보이면 도덕적으로 문제가 있고, 청렴하다 싶으면 능력이 떨어지고, 생각이 깊은 사람이면 너무 집행이 느리고, 생각이 얕으면 너무 촐랑대어 일을 망치기 십상입니다.

더구나 자고로 "열 길 물속은 알아도 한 길 사람 속은 모른다"라는 말도 있지 않습니까?

통치권자로서도 그렇게 어려운 가운데 한정된 인재 풀에서 사람들을 적재적소에 배치하려다 보니 난감하기 이를 데가 없을 것입니다.

저의 좁은 소견으로 볼 때 능력은 어느 일정 수준에 도달하면 거의 대동소이하다고 생각되며, 인사에 있어서 가장 중요한 덕목은 바로 어진 품성과 바른 인성이 아니겠는가 합니다.

한 왕조나 정권이 무너질 때를 보면 거의 통치권자가 참모들의 쓴소리를 귀담아듣지 않은 채 간신배의 아첨에 휘둘리다가 무너지는 경우가 대부분입니다.

멀리 가지 않더라도 우리 대통령들의 말로가 좋지 않았던 중요한 이유도 인사의 실패에 있지 않았나 합니다. 임기가 끝나면 많은 참모들이 줄줄이 구속되는 것은 쓴소리하는 어진 참모가 없었거나, 아니면 참모가 충언을 해도 통치권자가 듣지 않았거나 둘 중 하나일 경우가 많습니다.

역사적 사실로 볼 때 저는 인사의 대표적인 성공 사례로 환공(桓公)이 포숙아의 천거를 받아들여 개인적 원한이 있는 관중을 파격적으로 재상에 등용하고 그 관중이 환공을 패자(覇者)로 만드는 바람에 유명한 '관포지교(管鮑之交)'라는 성어를 낳은 것을 꼽고 싶습니다.

가슴 깊이 생각해 볼 일입니다.

중국에서 대대로 관리들의 지침서처럼 읽혀온 책 중의 하나인 『신음어(呻吟語)』에서는 제일가는 참모의 덕목으로 머리가 좋고 민첩하며 말을 잘하는 사람인 총명재변(聰明才辯) 보다 심침후중(深沈厚重)을 꼽는다고 합니다. 침착하고 신중하며 어떤 위기에도 동요함이 없는 현명한 사람이라면 자신의 안위와 상관없이 틀림없이 최고 권력자에게 정곡을 찌르는 올바른 소리를 함으로써 국정의 균형을 맞출 것입니다. 심침후중(深沈厚重)한 현자 몇 명만이라도 국정의 중요 직책에서 활약한다면 국가가 망조에 빠지지 않고 흥할 것입니다.

안팎으로 매우 어려워진 현 대한민국 상황에서 우리는 그런 인물들의 출현을 기대해 봅니다.

우정은 필요하지 않을 때 맺어라.

미국 속담

조건에 기반을 둔 우정은 오래가지 못합니다. 우정은 우정 자체여야 하기 때문입니다.

필요해서 우정을 맺으려 하면, 순수하지 못하기에 오래가지 못할 뿐만 아니라 깨지기도 쉽습니다. 반면 세파에 물들지 않고 순수했던 학창 시절의 우정은 무덤까지 가지 않습니까?

이렇듯 우정은 순수하고 청결하며 고귀하니, 만약 여러분이 그런 우정을 맺기를 진심으로 원한다면 조건이나 이해관계라는 때를 절대 묻히지 말기 바랍니다.

정말 깨끗하고 순수한 마음으로 우정을 맺으십시오.

조건 없는 우정만이 신실한 우정이 될 것입니다.

보상에는 머리(head), 가슴(heart),
지갑(wallet)이 병행되어야 한다.
머리는 학습 기회 제공,
가슴은 회사와 일에 대한 열정,
지갑은 금전적 보상을 뜻한다.

– 제프리 이멜트(GE 회장)

1892년 미국의 유명한 발명가 토머스 A. 에디슨이 처음 설
립한 GE(General Electric)는 전통적으로 인재를 대단히 중시해 온
기업입니다. 그러니까 회사가 130년간이나 존속해 올 만큼 장
수 대기업이 되었겠죠.

바로 얼마 전의 CEO였던 잭 웰치도 마찬가지로 "나는 인재
가 첫째, 전략이 둘째라고 믿는 사람 중 하나이다. 나에게 전략
은 인재를 뽑는 것에서부터 시작한다."라고 선언할 정도였으
니 말입니다.

잭 웰치 다음의 회장 제프리 이멜트는 인재에 대한 보상으로

"머리(head), 가슴(heart), 지갑(wallet)이 병행되어야 한다"고 제시했습니다.

머리는 인재에게 평생 학습할 기회를 제공하는 것을 의미하고, 가슴은 회사와 목표를 향한 열정을 뜻하며, 마지막으로 금전적 보상을 통하여 인재에 대한 총체적 보상을 마무리합니다.

에디슨이 "어머니께서 나를 믿어주신 덕분에 내가 뭔가를 해낼 수 있다는 느낌과 용기를 가질 수 있었고, 그러므로 어머니를 실망시켜 드리지 않아야 한다"고 말한 것을 상기해 볼 때, 에디슨의 어머니가 자기 아들의 소중함과 그의 잠재력을 인정해 주었기 때문에 자기 아들이 위대한 발명가이자 사업가로 성공할 수 있었던 것입니다.

에디슨은 "열심히 일하는 것이 가장 중요하지요. 쉼 없는 노력과 지금에 만족하지 않는 태도야말로 진보의 필수 조건입니다."라고 말한 바 있습니다.

저는 에디슨의 이 말에서 직원으로서 회사와 일에 대한 열정, 다시 말해 전통적으로 내려오는 제너럴일렉트릭의 정신도 인재에 대한 충분한 보상이 될 수 있다고 감히 느꼈습니다.

도대체 에디슨의 어머니 그리고 사업가 에디슨, 잭 웰치, 제프리 이멜트로 이어져 내려오는 제너럴일렉트릭의 인재 정신과 인재에 대한 보상, 그리고 보상 중의 핵심인 열정이 언제까지 이어질 것인지 경이로운 눈으로 쳐다볼 수밖에 없습니다.

그리고 그러한 제너럴일렉트릭이 앞으로 언제까지 성장할 수 있을지는 결코 쉽게 상상할 수가 없습니다.

저의 수명에도 한계가 있으니까요.

Chapter 5
·
처세의 제언

궁하면 변하고, 변하면 통하고, 통하면 오래간다.

궁즉변 변즉통 통즉구(窮則變 變則通 通則久)

『주역』

현대는 '불통의 시대'입니다. 소통의 수단은 참 많은데, 정작 소통의 길은 좁아지고 있습니다.

혈관이 잘 통해야 몸이 건강하듯, 사회도 소통이 잘돼야 건강해집니다. 소통하지 못하면 오해와 불신과 갈등을 낳는 병리현상이 유발될 것입니다.

잘 통하기 위해서는 마음의 문을 여는 유연성이 있어야겠지요. 문이 닫혀 있으면 어떤 방법으로도 소통할 수 없으니까요.

마음의 문을 열려면 어떻게 해야 할까요? 서로가 지극 정성으로 두드려야 하지요.

'궁즉변 변즉통 통즉구(窮則變 變則通 通則久)'입니다.

풀어서 설명하자면, 궁(窮)은 부족하기에 정성으로 갈구하는 것이고, 변(變)은 마음의 문을 여는 유연성을 의미하며, 통(通)은 쑥쑥 잘 통하는 것입니다. 마지막으로 구(久)는 지속적 생명력을 잉태하고 있습니다.

이렇듯 우리 사회가 오래오래 건강하게 유지되기 위해서는 정성을 다해 상대방을 이해하려고 노력하고, 마음의 문을 열고 허심탄회한 소통을 나누어야 합니다. 벌거벗은 마음으로 깊은 대화를 나누자는 것입니다.

그래야 몸도 건강하고, 마음도 건강하고, 사회도 건강하고, 국가도 건강하고, 세계도 건강해질 수 있습니다.

모든 약점들 가운데 가장 큰 약점은
약하다는 것을 두려워하는 것이다.

샤를 가르두(프랑스 작가)

인간은 누구나 약점을 가지고 있습니다. 신이 아닌 이상 어떻게 완벽할 수 있겠습니까?

약점이 있다고 해서 일을 하지 못하는 것은 아니죠. 자신의 약점을 드러내 오히려 강점으로 바꿀 수도 있고, 전략상 자신의 약점을 숨긴 채 장점만을 부각시킬 수도 있습니다.

문제는 자신이 약하다고 지레 두려워하는 것입니다. 이것이야말로 향상의 기회를 스스로 포기하는 약점 중의 약점, 가장 큰 약점입니다.

어차피 인간은 누구나 약점이 있기 마련인데, 왜 자신의 약점을 그리도 두려워하는가요? 그럴 필요 없습니다. 용기를 가지고 당당하게 약점을 고쳐나가면 됩니다.

또한 인간은 약점과 마찬가지로 강점도 가지고 있다는 사실을 깨달아야 합니다.

약점을 극복하는 것이 정 어렵다면, 강점을 늘려가는 것도 좋은 방법입니다. 강점을 늘리는 일은 약점을 줄이는 최선의 방법이 아닐까 하는 생각이 듭니다.

어쨌든 약하다고 주눅 드는 비겁자는 되지 말아야겠습니다.

교묘한 것은 서툰 것만 못하다.
약삭빠른 것은 우직한 것만 못하다.

『회남자(淮南子)』

교묘한 것이나 약삭빠른 것은 다시 말하면 원칙이 없는 태도입니다. 굳이 원칙이 있다면 기회주의가 원칙이라고나 할까요?

교묘하거나 약삭빠른 행위는 많은 사람에게 피해를 줍니다. 이런 행위를 스스럼없이 하는 사람들은 일시적으로 남에게 도움을 준다 해도, 수시로 변하는 즉흥적인 마음 때문에 결과적으로는 상대에게 예상치 못한 피해를 끼치기 십상입니다.

그럴 바에는 차라리 서투르고 우직한 사람이 더 나을 수 있습니다.

교묘하거나 약삭빠른 것보다는 오히려 서투르고 우직한 것이 더 낫고 더 믿음이 간다는 말이지요. 적어도 그런 사람에게는 일관성이 있으니까요. 그리고 그 사람의 행동을 예측할 수 있으니까요.

서투른 사람이나 우직한 사람은 다른 사람에게 도움은 줄지언정 피해는 입히지 않습니다.

여러분은 어떤 사람이 되고 싶은가요? 노선을 분명히 하십시오.

아울러, 경계심을 품게 하는 약삭빠른 친구보다는 차라리 정체를 뚜렷이 밝히는 적이 더 낫다는 사실도 명심했으면 합니다.

한번 엎지른 물은 다시 담을 수 없다.

복수불반분(覆水不返盆)

강태공(중국 주나라의 정치가)

이 고사는 강태공과 그의 조강지처 마씨 부인 사이에서 유래했습니다.

집안이 빈궁했을 적에 강태공을 버린 마씨 부인은 얼마 후 강태공이 높은 벼슬에 오르자 염치불구하고 찾아가, 자신을 다시 아내로 받아달라고 사정했다지요. 그러자 강태공이 "물을 쏟은 다음 다시 담을 수 있으면 아내로 맞이하겠소."라고 대답했다는 이야기입니다.

이 고사에서 우리가 배워야 할 점은, 살다 보면 좋을 때도 있고 괴로울 때도 있지만 늘 기본적인 항심(恒心)을 가져야 한다는 것입니다.

좋을 때는 쾌재를 부르다가 괴로울 때는 그것을 감내하지 못하는 즉흥적이고 참을성 없는 사람은 어디에 가도 환영받지 못하고 불행만 자초할 뿐입니다. 일관된 마음이 없기에 남을 등지는 배신을 자주 하게 되고, 나중에는 주위 사람들에게 버림받게 됩니다.

인생을 살면서 물을 엎지르는 어리석음이나 남을 배신하는 비열함을 저지르지 말고, 늘 굳건한 항심을 길러 가야겠습니다.

둔한 자는 오래 살고,
뾰족하고 날카로운 자는 일찍 죽는다.
가령 붓은 날카롭고 뾰족해서 빨리 못 쓰게 된다.
벼루는 둔한 것이라 오래오래 쓸 수 있다.

『고문진보』

관상어를 기르다 보면 새끼 상어같이 생긴 조그만 물고기를 보게 됩니다.

그 물고기는 무슨 스트레스를 그리 많이 받는지 한시도 가만히 있지를 못합니다. 그러다 보니 어항 벽에 자주 부딪치기도 하지요. 성깔 못된 그 물고기는 다른 관상어보다 빨리 죽어버려, 기르기가 무척이나 힘이 듭니다.

사람도 마찬가지로 성격이 너무 뾰족하고 날카로워서는 안 됩니다.

너무 날을 세워 살다 보면 인생에서 늘 벽에 부딪히게 되지요. 그러다 보니 자신조차 이겨내지 못하는 상황이 발생하기도 합니다.

물론 어쩔 수 없이 날을 세워야 할 때도 있을 것입니다. 그러나 평상시에는 무던하게 사는 것이 어떻는지요?

날카로운 여러분, 저의 충고가 고깝게 들리는가요?

큰 숨을 한 번 내쉬고 마음의 평정을 찾길 바랍니다. 여러분의 만수무강과 안녕을 위해서 말입니다.

소궁(小窮)이야 견디겠으나
대궁(大窮)은 참을 수 없다.

다산 정약용

"어느 정도 궁하면 불쌍히 여겨줄 벗이 있어도, 아주 궁해지면 돌봐 줄 사람이 없다네."

다산 정약용 선생이 경상도 장기(포항)에서 첫 유배생활에 시달릴 때 했던 말입니다. 세상인심은 예나 지금이나 변함없이 야박하고 냉혹합니다.

어느 정도 궁하다는 것은 그 사람에게 아직 희망이 엿보인다, 가치가 존재한다는 뜻일 것입니다. 아주 궁하다는 의미는 희망이 전혀 보이지 않는다는 것일 테죠.

그러므로 우리는 극복할 수 없는 좌절과 절망 속에 빠져 있더라도, 비굴하게 굴지 말고 희망이 있는 것처럼 당당하게 행동해야 합니다. 죽을 때 죽더라도 말입니다.

'사내가 뭐(?)가 안 서면 돈도 꿔주지 마라'는 저잣거리 말도 있지 않습니까? 약하게 보이면 아무도 도와주지 않을 뿐더러, 막말로 정말 돌아가시게 됩니다.

부인하려야 할 수 없는, 세상사의 껄끄러운 단면이니 필히 명심하십시오.

눈이 감기는가?
그럼 미래를 향한 눈도 감긴다.

하버드 대학교 도서관에 쓰여 있는 글귀

눈을 감는다는 것은 현실을 외면하거나 현실에 무관심하다는 뜻입니다.

이것은 비겁의 또 다른 이름일 뿐 아니라, 장래의 희망까지도 말살하는 행위입니다.

아무리 현실이 힘들고 버겁더라도 정면 돌파해 이겨내야 하죠. 그래야 오늘이 있고, 밝은 내일이 기다릴 것입니다.

감긴 눈을 뜨십시오. 그리고 부릅뜬 눈으로 세상을 보십시오.

그래도 희망이 보이지 않습니까?

편견을 부수는 것은
원자를 부수는 것보다 어렵다.

알베르트 아인슈타인(독일 물리학자)

편견이란 공정하지 못하고 한쪽으로 치우친 생각을 뜻합니다. 편견은 사물을 보는 균형감각이 없어서 생깁니다.

짧게는 수년, 길게는 수십 년 동안 굳어진 생활습관이기에 하루아침에 바꿀 수 없습니다.

그러니 지독한 편견을 가진 사람을 만나면 설득하기보다는 차라리 피하십시오. 그것이 오히려 현명한 길일지도 모릅니다.

참으로 부수기 어려운 것이 편견이니까요.

교만은 패망의 선봉이요,
거만한 마음은 넘어짐의 앞잡이이니라.

「잠언」

늘 겸손하게 처신하라는 가르침입니다.

동서고금을 막론하고 많은 경전과 고전들이 겸손에 대한 가르침을 담고 있지만, 인간은 그 속성상 스스로 겸손해지기가 매우 힘든가 봅니다.

겸손하지 못해 실패하고 우쭐거리다가 넘어져도, 우리는 또다시 허장성세(虛張聲勢)를 부립니다. 그리고 또 실패를 반복합니다. 아마도 인격 도야의 문제인 것 같습니다.

인간도 벼처럼 익을수록 고개를 숙이고, 스스로 드러내지 않고도 빛을 내고, 자랑하지 않고도 공로를 인정받아야 하는데 말입니다.

여러분 스스로를 낮추라고 고언하지는 않겠습니다. 차라리 스스로를 돌아보고 스스로 느껴서 스스로를 가르쳐 보라고 말하겠습니다.

누가 뭐래도 남의 돈으로 장사하지 않는다.
목에 칼이 들어와도 신용은 지킨다.
배짱과 뚝심을 갖고 한 우물로 승부한다.

개성 상인들의 장사 철학

임상옥으로 대표되는 의주 상인 만상(灣商), 그리고 근현대 한국 경제의 주춧돌 역할을 한 개성 상인 송상(松商)은 유대인과 화교에 버금가는 기업가 정신을 보여주었습니다.

이것을 흔히 '상혼(商魂)' 또는 '상도(商道)'라고 표현합니다.

그런데 작금에 와서는 그런 기업가 정신이 실종된 느낌입니다. 우리 조상들에게는 불굴의 상혼이 있었건만, 지금은 장사꾼들만 판치고 천민자본주의만 난무할 뿐입니다.

내 돈으로 사업을 하되 철저히 신용을 지키며 배짱과 뚝심으로 승부를 걸던 기업 원칙은 무너지고, 짧은 생각으로 임시변통의 수단들만 동원하는 현실입니다. 그러나 이것은 공허한 모래성일 뿐입니다.

원칙을 기본으로 하되 유연성을 발휘하는 것이 무엇보다 중요합니다. 만상 임상옥은 1821년 변무사(辨誣使)를 수행하여 청나라에 갔을 때 북경 상인의 불매동맹을 교묘히 깨뜨리고 원가의 수십 배에 팔아 막대한 돈을 벌어들였는데, 그의 상도 원칙은 오늘날에도 유효합니다.

장마철이라 인삼을 조선으로 도로 가져갈 수 없으리라는 것을 간파한 북경 상인이 인삼 가격을 후려치려고 했을 때, 임상옥은 북경 상인이 소매상들에게 조선 인삼을 팔지 않을 수 없는 속사정을 꿰뚫고는 가져온 인삼을 불태우는 역공을 취함으로써 원가의 수십 배나 되는 이익을 올렸습니다. 신용과 배짱과 뚝심이라는 원칙을 고수했기 때문에 가능했던 일이며, 만상이 요즘의 화교에 비유될 수 있는 북경 상인을 보기 좋게 꺾은 일화입니다.

오늘날, 활기차게 용틀임하는 중국 기업인들과 비교해 한국의 기업인들은 어떠한가요? 중국 기업인들을 어떻게 극복하고 이겨낼 수 있을까요?

어려울수록 기본으로 돌아가야 합니다. 개성 상인의 정신인 신용과 배짱, 그리고 뚝심으로 이겨내야 합니다.

이 세 가지 원칙만 꾸준히 지킨다면 어떤 역경도 헤쳐 나갈 수 있을 것입니다.

스스로 얻을 수 있는 것을
남에게 부탁하지 마라.

금언

하늘은 스스로 돕는 자를 돕는다고 했습니다.

그런데 우리는 스스로 할 생각은 하지 않고, 무조건 손쉬운 길로만 가려고 합니다.

여러분 스스로 할 수 있는 일은 절대로 남에게 부탁하지 마십시오. 만에 하나 그것이 습관이 되면 여러분은 큰일을 할 수 없는 사람이 되고 맙니다.

더 나아가 스스로 처리하기에 역량이 부족해 다른 사람에게 부탁할 수밖에 없는 상황에 처하더라도, 작은 부탁은 절대로 금물입니다. 작은 부탁이나 큰 부탁이나 부탁받는 이에게 부담이 되는 것은 마찬가지이기 때문입니다.

괜히 작은 부탁을 했다가, 정작 꼭 부탁해야 할 중요한 문제에 부딪혔을 때 이전에 했던 조그만 부탁 때문에 할 수 없는 난감한 상황에 처하게 됩니다.

어떻습니까? 이제라도 늦지 않았습니다.

스스로 해결할 수 있는 것은 결코 부탁하지 말되, 어쩔 수 없이 부탁을 해야 한다면 차라리 명분 있는 큰 부탁을 해야 체면도 살고 도움도 됩니다.

사람은 자기를 기다리게
하는 자의 결점을 계산한다.

프랑스 속담

무서운 이야기입니다. 약속에 늦거나 약속을 지키지 않으면, 그 시간 동안 상대방은 여러분의 결점을 계산한다는 뜻입니다.

여러분은 어떤가요? 약속 장소에 늦게 도착하거나 남을 오랫동안 기다리게 한 적이 없는가요?

약속만은 철석같이, 천금같이 지켜야 합니다.

약속을 잘 지키지 않는다는 것이 여러분의 가장 큰 결점이요, 실패의 요인이 될 수도 있습니다.

오늘 계란 하나를 가지는 것보다
내일 암탉 한 마리를 가지는 편이 낫다.

토머스 풀러(영국 성직자, 역사학자)

'우선 먹기에는 곶감이 달다'는 말이 있지요.

하지만 지금 맛있다고 곶감 꼬치에서 곶감을 몽땅 빼내 먹어치우면 남는 것이 없을 뿐더러, 내일의 밑천이 될 종자까지 사라질 수 있습니다. 당장 조금 덜 먹더라도 미래의 가치에 주목해야 합니다.

눈앞의 이익에 급급해 경솔하게 행동하기보다는 미래의 가치를 위해 사려 깊은 행동을 해야 할 것입니다.

그래야 알을 낳아줄 암탉을 가질 수 있겠지요.

Chapter 6
•
성공의 비결

우리는 모두 자신도 알지 못하는
가능성을 갖고 있다.

데일 카네기(미국 작가, 강연가)

우리는 흔히 자기 자신에 대해 좋지 않은 편견을 갖고 있습니다. 자신이 스스로를 가장 잘 알고 있다는 오류에 빠지는 한편, 다른 사람에 비해 자신의 능력이 부족하다고 지레 판단해 버리는 습성이 있다는 것입니다. 사실은 그렇지 않은데 말입니다.

일종의 '자학 콤플렉스'가 우리 안에 깃들어 있기 때문이죠.

겨우내 삭풍을 견딘 나목(裸木)들이 곧 피어날 꽃망울을 품고 있듯이, 우리가 원하는 능력도 이미 우리 안에 갖추어져 있습니다. 신은 모든 사람에게 그 사람만의 재능을 불어넣어 주었으니까요.

여러분도 인생을 살면서 '내가 이 일을 과연 해낼 수 있을까?' 하며 자신 없어 했다가 결국 성공적으로 일을 수행하여 스스로도 놀란 경험을 한두 번쯤 해보았을 것입니다.

중요한 것은 자신감입니다.

그러므로 스스로를 절대 과소평가할 필요가 없습니다. 자신감을 갖고 여러분의 재능을 갈고 닦으면, 흙 속에 파묻힌 진주가 드러나듯 여러분에게 숨겨진 엄청난 잠재력이 반드시 드러날 것입니다.

어떤 사람들은 단 1퍼센트의 가능성을 보고도 시도합니다. 그런데 왜 여러분은 무한한 잠재력을 갖고도 주저합니까?

지금 당장 일어나십시오.

회사나 가게를 찾아오는 고객은
모두 신과 같은 존재이다.
따라서 두 손을 모으고 절을 하는
마음으로 고객을 소중히 대해야 한다.

마쓰시타 고노스케(일본 기업인)

사람과 사람 사이의 관계는 너무나 소중합니다.

옷깃만 스쳐도 인연이고, 짧은 한 번의 만남이 있기까지는 전생에 몇만 겹의 스침이 있었다고 불가(佛家)에서는 말합니다.

인연이 얼마나 소중했으면, '친구의 배신까지도 참고 인내하는 것이 성공'이라고 랄프 왈도 에머슨이 시(詩)로 읊었겠습니까?

기분 나쁜 인연도 그러할진대, 여러분의 회사나 가게를 자발적으로 찾아오는 고객들은 더 말할 나위가 있겠습니까? 터키의 격언 중에 "손님은 하늘이 보내주신 선물이다"라는 격언이 있답니다.

맞는 말입니다. 경건한 마음으로 고객을 향해 두 손을 모으고 절을 해야 마땅할 일입니다.

고객이 없는 회사나 가게가 존재할 수 있겠습니까? 없습니다. 결코 있을 수 없지요.

그렇기에 고객이야말로 우리의 존재 이유이자, 너무나 소중해 신성하기까지 한 선물입니다.

성심껏 고객을 대할 때 우리는 소박한 기쁨을 느낄 수 있을 뿐 아니라, 그 태도가 고객에게 큰 기쁨을 주어 사업이 술술 풀려나갈 것입니다.

현실이라는 땅에 두 발을 딛고
이상인 하늘의 별을 향해
두 손을 뻗어 착실히 올라가야 한다.

반기문(전 유엔 사무총장)

꿈꾸는 사람은 행복합니다.

그러나 꿈만 좇다 보면 자칫 불행해집니다. 가시밭에 넘어지고 웅덩이에 빠져 허우적거릴 뿐, 꿈을 현실화할 수 없기 때문이죠.

꿈을 이루기 위해서는, 냉엄한 현실을 바탕으로 한 치밀한 전략 그리고 뜨거운 열정이라는 두 발이 필요합니다. 그러지 못하면 넘어지기 십상이지요.

우선 그 두 발로 현실을 딛고, 하늘의 별을 따기 위해 한 계단 한 계단 올라가 보십시오. 그러면 어느 순간 여러분도 모르게 하늘의 별이 여러분의 손에 쥐어져 있을 것입니다.

당신이 사업을 좌우하라.
사업에 의해 당신이 좌우되어서는 안 된다.

벤저민 프랭클린(미국 정치가, 과학자)

사업을 하되, 사업에 의해 여러분이 흔들려서는 안 됩니다.
큰 안목과 큰 틀에서 사업을 추진해 나가야지, 일에 치여 갈
팡질팡해서는 안 된다는 뜻입니다. 만일 그런다면 여러분은 일
의 노예가 될 뿐입니다.

이렇듯 같은 일을 해도 마음가짐이나 생각에 따라 결과가 엄
청나게 달라집니다. 생각의 차이가 성공 여부를 가름합니다.

주체적으로 사업을 추진하기 위해서는 철학과 주도면밀한 계
획 그리고 예리한 판단력이 필요하죠. 그러기 위해서는 꾸준한 독
서와 다양한 경험을 통해 세상 보는 안목을 길러야 할 것입니다.

상품과 서비스를 파는 기업은
흥하기도 하고 망하기도 한다.
하지만 믿음을 파는 기업은 영속한다.

천광암(언론인)

사람들은 상품과 서비스를 많이 팔아보려고 애씁니다. 그러나 믿음을 팔려는 생각은 하지 않습니다.

눈에 보이지 않기 때문일까요? 사업에서 가장 중요한 것이 믿음인데도 말입니다.

비즈니스 세계는 굴곡과 변수가 많아 성공하기는 어려워도 실패하기는 십상입니다.

그러므로 기업이 발전하기 위해서는 '믿음'이라는 두 글자가 굳게 서야 합니다. 그래야 천재지변에도, 세계적인 공황에도 잘 견뎌낼 수 있겠죠.

믿음은 물입니다. 물고기가 물을 떠나 살 수 없듯이, 비즈니

스맨이 신용을 헌신짝같이 버리면 얼마 되지 않아 퇴출되거나 망해 버립니다.

그래서 비즈니스에서는 신용이 근본이라고 하는 것입니다.

부침(浮沈) 많은 세상에서 꿋꿋이 살아남는 유일한 방법은, 눈에 보이지 않는 자산인 신용을 지키고 믿음을 파는 일입니다.

믿음을 파는 기업은 순풍에 돛 단 듯이 난국을 헤쳐 나갈 수 있습니다.

변수가 많아서 일의 성공 가능성이
100%일 수는 없지만,
80%의 확신은 있어야 '추월'을 시도할 수 있다.
50%의 확신만으로 시도했을 때는
사고로 이어질 수 있다.

대니카 패트릭(여성 카레이서)

생생한 삶의 현장에서 절절히 느낀 경험으로부터 우러나
온 말입니다.

그렇지요. 인생이라는 다리를 건너다 보면 많은 변수가 있고,
뜻하지 않은 복병도 만나게 됩니다.

그럴 때 섣불리 나서지 말고, 대처할 능력을 갖추었다고 확신
이 섰을 때 돌파해야 합니다. 그러지 않으면 다리 밑으로 추락
할 수 있으니 말입니다.

성공에서 80%의 확신은 필요조건입니다. 50%의 확신만 가

지고 일을 도모하려 한다면, 차라리 100% 실패한다고 각오하고 시도하는 편이 더 낫습니다.

물론 하지 않았을 때 후회스러울 정도로 가치 있는 일이라면, 확신의 퍼센트에 관계없이 천하없어도 시도해 봐야 할 것입니다.

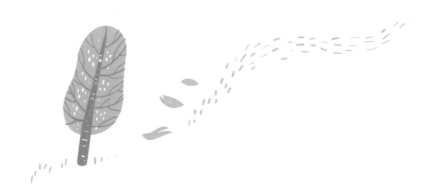

영광의 순간을 경험하고 싶다면
과감해야 한다.

시어도어 루스벨트(미국 26대 대통령)

평범하게 살고 싶다면 과감해질 필요가 없습니다. 지금껏 살아온 대로 살아가면 됩니다. 하지만 인생에서 짜릿한 영광의 순간을 맛보고 싶다면, 큰 용기를 내 과감해져야만 합니다.

가령 은행에 예금만 하는 안정적 성향의 사람과 주식에 투자하는 모험적 성향의 사람의 성공 확률을 판단해 본다면, 저는 안정적 성향의 사람에게는 '3분의 1'의 확률을, 모험적 성향의 사람에게는 '3분의 2'라는 높은 확률을 매길 것입니다. 아무리 모험적인 사람일지라도 머지않아 망할 회사에 아무 생각 없이 투자할 바보는 없기 때문입니다.

그렇습니다. 리스크 없는 영광은 결코 없습니다.

'하이 리스크, 하이 글로리아!(High risk, high gloria!)'

영광을 쟁취한 사람들은 모두 큰 리스크를 안은 채 과감하게 도전한 사람들이었습니다.

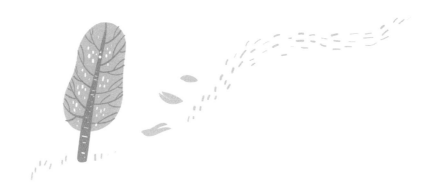

꿈을 가져라. 그러면
어려운 현실을 이길 수 있다.

라이너 마리아 릴케(독일 시인)

가난과 고통은 참을 수 있습니다. 그러나 꿈과 희망이 없는 가난과 고통은 참을 수 없지요.

그래요. 현실이 아무리 고달프고 고통스럽더라도, 마음속에 꿈이 있다면 충분히 와신상담(臥薪嘗膽)할 수 있지요.

그렇지만 그 꿈이 산산조각 나면 깊은 좌절에 빠져 아무것도 할 수가 없습니다.

꿈이 깨지면 차선의 꿈이라도 가져야 합니다. 그래야 팍팍한 현실을 이겨낼 수 있을 테니까요.

꿈은 마음의 성장 동력이자 동반자이며, 우리가 가고 싶어 하는 마음의 오아시스입니다.

승자가 즐겨 쓰는 말은 "다시 한 번 해보자"이고,
패자가 즐겨 쓰는 말은 "해봐야 별수 없다"이다.

탈무드

하지 않고서는 아무것도 이루어 낼 수 없습니다. 그러므
로 '해봐야 별수 없다'는 체념적인 생각은 인생을 좀먹는 곰팡
이입니다.

도전하는 삶이 아름답습니다. 마음먹은 것을 이룰 때까지 도전
하고 또 도전해 승리를 쟁취해야 할 것입니다. 그러면 여러분은
아름다운 승자가 되어 주위의 갈채를 받을 것입니다. 설령 시도
한 일이 실패로 돌아갔다 하더라도 다시 한 번 시도해 보십시오.

월드컵 때의 '붉은 악마'처럼, '정치의 붉은 악마' '경제의 붉
은 악마' '문화의 붉은 악마'가 되어 다시 한 번 뛰어보십시오.
인생의 4강 신화가 여러분을 기다리고 있습니다.

나는 힘이 센 강자도 아니고,
그렇다고 두뇌가 뛰어난 천재도 아닙니다.
날마다 새롭게 변했을 뿐입니다.
그것이 나의 성공 비결입니다.
change의 g를 c로 바꿔보십시오.
chance가 되지 않습니까?
변화 속에는 반드시 기회가 숨어 있습니다.

빌 게이츠(전 마이크로소프트 회장)

우리는 매일 매일이 판에 박힌 듯 똑같다고 착각하며 인생을
살아가고 있습니다. 하지만 세상은 매일 매일 변화하고 있습니다.

그런 하루하루의 바뀜 속에서 소용돌이치는 정치경제학적인
큰 변화가 있어왔습니다. 18세기 후반에 기계의 발명과 기술의
혁신에 의해 야기된 산업혁명, 19세기 후반에 화학 · 전기 등 새
로운 산업 분야의 등장으로 촉발된 제2차 산업혁명, 두 차례의

세계대전, 컴퓨터의 등장으로 야기된 정보통신 혁명, 하루아침에 이루어진 소련의 붕괴 및 독일의 통일…….

거의 불가능하다고 믿어왔던 큰 변화들이 이렇게 매일 매일의 일상 속에 스며들며 역사는 진보해 왔습니다.

이래도 당신은 우리의 인생이 다람쥐 쳇바퀴 돌듯 변화가 없는 따분한 연속이라 강변하겠습니까?

변화를 읽어야 합니다. 호시우행(虎視牛行)이라는 말도 있듯이, 소처럼 신중하면서 호랑이 같은 날카로운 시선으로 변화를 읽어내야 합니다.

변화의 증폭이 클수록 당신의 기회는 많아지고 크게 돈을 벌 수가 있습니다. 그러기 위해서 당신은 항상 깨어 있어야 하며, 변화된 상황을 맞이할 준비를 해야 할 것입니다.

그것이 빌 게이츠 회장이 말하는 '날마다 새롭게 변화하는 것'을 의미할 것입니다.

만일 컴퓨터로 상징되는 IT혁명이란 대변화가 없었다면 애플의 '스티브 잡스'나 마이크로소프트의 '빌 게이츠'나 아마존의 '제프 베조스'라는 거부이자 혁신가가 태어날 수 있었겠습니까?

'물 들어올 때 노를 저어라'는 말이 있듯이, 우리네 인생에도 큰 물이 들어오는지 작은 물이 들어오는지 그 변화를 잘 살펴보고 날마다 새로운 상황에 준비하며 새롭게 변해 나가야 할 것입니다.

나는 깊게 파기 위해
넓게 파기 시작했다.

스피노자(네덜란드 철학자)

우리는 흔히 박사, 교수라면 뭐든지 다 잘 아는 사람으로 착각하곤 합니다.

물론 그분들은 자신의 전공 분야에서는 전문가라 할 수 있겠지요. 그런데 전공과는 다른 분야의 토론회에서나 일반적인 모임에서는 그들 중 많은 분들이 꿀 먹은 벙어리가 되거나 횡설수설하는 경우를 보게 됩니다.

한마디로 그들은 한 분야에만 관심을 갖고 깊게 판 전문가이기 때문입니다. 게다가 균형 감각도 부족하고 합리성과 객관성도 결여된 지식 판매상일지도 모릅니다.

우리가 어려서부터 진정한 전문가가 되려면 일단 땅을 넓게 파야 합니다.

처음부터 깊게 파려고만 한다면 힘이 들고 싫증도 나고, '나에게는 이 분야가 안 맞을 수도 있다'라는 한계도 느끼게 될 수 있습니다. 진정으로 전문가가 되기 위해서는 책을 읽는 방법도 자신이 원하는 분야만 들입다 읽을 것이 아니라 그 텍스트를 기본으로 역사, 문학, 자연과학, 사회과학 등 다양한 분야의 책을 두루 탐독해야 하겠습니다. 그렇게 인생이 무르익으면 어느 지점, 어느 시점에서 깊게 파야 할지를 스스로 느끼게 될 것입니다.

워런 버핏의 위대한 동업자인 찰리 멍거는 주식시장, 금융, 경제가 별개의 지식체계가 아니라 여러 학문을 아우르는 더 커다란 지식체계의 일부분임을 강조하고, 세상을 제대로 읽어내지 못한다면 투자 또한 성공할 수 없음을 깊이 인식했습니다. 그래서 당장은 주식 투자에 필요할 것 같지 않은 사회학, 철학, 문학, 수학 등도 섭렵하고 다양한 분야도 살펴보면서, 보다 넓은 관점에서 세상을 관조하며 투자 결정을 한다는 것입니다. 사실 세계적인 투자 대가들 대부분이 이처럼 다양한 분야의 책을 읽는 독서광이었습니다.

여러분도 찰리 멍거 같은 넓은 안목과 합리성을 갖춘 진정한 전문가가 되려면 다양한 독서와 풍부한 경험을 폭넓게 하여야 할 것입니다.

Chapter 7

•

실패의 교훈

인간은 지나간 과거를 좋았던 시절로
회고하는 특이한 사고 경향을 가지고 있다.

아놀드 하우저(헝가리 미술사학자)

추억은 '희미한 옛사랑의 그림자' 같은 것입니다. 우리는 그
것을 그리워하고 또 그리워합니다.

우리는 딱딱한 현실에 발을 딛고 살지만, 가슴 뭉클한 추억 없
이는 살 수 없습니다.

현실이 팍팍하고 괴로운 사람일수록 과거의 좋았던 시절을
자주 떠올리게 되지요. 추운 겨울 날, 남의 집 창가에 쪼그리고
앉아 즐거웠던 과거를 떠올리는 성냥팔이 소녀처럼 말입니다.

저도 괴로웠던 시절, 과거의 따뜻하고 기뻤던 기억들을 추억
하며 참기 어려운 현실을 견디어 왔습니다. '돌아갈 수만 있다면
좋았던 그 시절로 돌아가고 싶다'고 되뇌면서 말입니다.

그렇다고 현실을 비관해서는 안 되지요. 당당하게 현실을 살아내야 합니다. 극복하고 이겨내야 합니다.

만일 그러지 못하고 좌절한다면, 그것은 순수하고 아름다운 첫사랑 같은 '추억'을 모독하는 행위입니다.

아름답고 좋았던 추억을 마음의 디딤돌로, 상상력의 원천으로, 엄연한 현실을 극복하게 해주는 원동력으로 삼으면 어떨까요?

두려움과 불안은
마음의 그림자일 뿐이다.

문윤정(수필가)

상황이 아무리 어렵고 힘들더라도 두려워하거나 불안해하지 마십시오.

그런다고 상황이 나아지지 않습니다. 오히려 더 나빠지기 십상입니다.

두려움과 불안은 상황을 더욱 어렵게 만드는, 마음의 어두운 그림자이죠.

그러니 두려움과 불안이라는 장막을 걷어내고 밝은 태양 아래로 나오십시오. 상황이 어려울수록 밝고 긍정적인 마음으로 주위 사람들을 더 자주 만나십시오.

두려움과 불안에 떨며 홀로 지내면 더욱더 위축되고, 주변의 우호적인 사람들마저 하나 둘씩 떨어져 나갑니다. 그러다 보면 재기 자체가 불가능해집니다.

안 된다고 두려움과 불안에 떨고 있는 사람에게 누가 도움을 주겠습니까?

그러니 '운명아, 길 비켜라. 내가 간다.'라고 외치면서 두려움과 불안을 과감하게 떨쳐 버리십시오. 그러면 안 되던 일도 되고, 운도 트입니다.

승리보다는 패배를 통해
많은 것을 배울 수 있다.
(You can learn little from victory.
You can learn everything from defeat.)

크리스티 매튜슨(미국의 명투수)

인생을 길게 보면 성공보다 실패가 훨씬 더 값진지도 모릅니다.

성공하면 자신도 모르게 기분이 우쭐해져 자만에 빠지기 십상이지만, 실패를 하면 '내가 왜 실패했을까?' 곱씹어 보면서 많은 성찰을 하게 되지요. 한마디로 실패는 스스로를 반성하고 역량을 축적할 기회가 되는 셈이지요.

바둑을 복기할 때도 승자는 '내가 몇 집 이겼지?'하고 대수롭지 않게 여기며 보지만, 패자는 바둑판을 뚫어져라 응시하며 진

이유에 대해 오랫동안 골몰하는 것과 같은 이치입니다.

그렇지요. 실패는 자신의 부족함을 채워가는, 인생의 중요한 한 계기입니다. 실패 없이는 진정한 성공이 있을 수 없습니다.

연전연승해 자만에 빠진 나머지 자신을 성찰할 기회를 제대로 가지지 못하다 낭패를 당하면, 다시는 일어서지 못합니다. 이를테면 작은 전투에서는 계속 이기다가 정작 가장 중요한 전쟁에서는 지는 것과 같다고 할 수 있지요.

오히려 내실 있는 실패를 경험해야 완벽한 인생에 이를 가능성이 높습니다.

'실패는 성공의 어머니'가 아니라, '내실 있는 실패가 진정한 성공의 어머니'일 것입니다.

큰길을 계속 가는 데는 많은 어려움이 따른다.
그렇다고 유혹에 못 이겨 다른 길로 접어들면
전망은 그만큼 더 어두워진다.

도교

'대도무문(大道無門)'이라는 말이 있습니다. 큰길에는 문이 없다는 뜻인데, 의역을 하자면 인생을 당당하게 살아가라는 의미일 것입니다.

종로통에 가면 '피맛골'이라는 곳이 있습니다. 대로변 바로 옆에 있는 좁은 골목길입니다. 지금은 도심 재개발 사업으로 헐렸지만요.

이 길의 이름은 조선 시대에 서민들이 고관들이 탄 말을 피했다는 뜻의 '피마(避馬)'에서 유래했습니다. 당시 서민들은 종로에서 말 탄 고관들을 만나면 그들이 다 지나갈 때까지 엎드려 있어야 했기에, 그런 번거로움을 피하기 위해 큰길 옆에 나 있는 좁은 골목길로 다녔다고 합니다. 그래서 '피맛골'이라는 이름이 생겨나게 되었지요.

그러나 편하다고 해서 계속 피맛골 같은 좁은 길만 택하면, 인생도 쪼그라들 수 있습니다. 어렵고 귀찮더라도 큰길을 가야 합니다.

당당하게 큰길을 가야 희망찬 인생의 문도 열릴 것입니다. 더불어 여러분에게 도움을 줄 좋은 인연과 귀인을 만날 수도 있습니다. 인생의 좁은 뒷골목에서 만나는 사람들이 여러분에게 얼마나 도움을 주겠습니까?

혹시 여러분은 일이 잘 풀리지 않아 자학하고 괴로워하면서 사람을 피하려고 하지는 않는지요? 그럴수록 큰길로 나와 당당히 사람을 만나고 새로운 인생의 계기를 만드십시오.

마당을 쓸더라도 넓은 마당을 쓸고, 사람을 만나더라도 큰 사람을 만나라니까요. 그러면 여러분의 앞길에도 문이 없는 큰길이 활짝 열릴 것입니다.

실패자, 그는 신이 버린 사람이다.
그러나 실망할 필요는 없다.
신은 그를 다시 주워서 재활용하실 것이다.

maximlee(명언뱅크)

신은 결코 실패자를 계속 팽개쳐 두지 않는다는 말입니다.

그렇습니다. 신은 어떠한 상황에서도 우리를 버리지 않습니다. 우리가 애써 노력하는 한은 버리지 않습니다.

인생은 실패의 연속이며, 좋든 싫든 오랜 시간 동안 호된 시험을 거쳐야 합니다. 아무리 잘 나가는 사람이라도 반드시 난관에 부딪히고 깨지게 되어 있습니다.

신은 어쩌면 여러분이 무척 가치 있는 사람이라서 여러분에게 실패를 안겨준 것이 아닐까요? 신은 가치 없는 사람은, 희망이 전혀 없는 사람은 결코 시험하지 않고, 다시 주워 재활용하지도 않는답니다.

신의 사랑은 가없다는 진리를 잘 알지 않는가요?

그러니 여러분이 설령 실패했더라도 신의 가호가 있을 것이라는 믿음을 가지고 혹독한 시련이나 절망적인 상황을 기필코 이겨내십시오.

그러면 운명의 여신이 반드시 미소를 지을 것이고, 여러분에게 더욱 큰 사랑을 보낼 것입니다.

절망이 기교를 낳고,
기교가 또 절망을 낳는다.

이상(소설가)

흔히 절망에 휩싸여 궁한 나머지 기교를 부리게 됩니다.

그 기교가 패착(敗着)의 원인이 되어 더 깊은 절망을 낳는 악순환이 되풀이됩니다. 한마디로 인생이 마구 헝클어져 버리는 것이지요.

절망에 빠졌을 때는 정도(正道)를 선택해 정면 돌파해야 답이 나오는 법입니다. 얕은꾀를 부리지 말고 정도를 선택하면 아무런 무리가 없습니다.

마음이 헝클어지고 어지러울 때에는 쾌도난마(快刀亂麻 : 잘 드는 칼로 헝클어진 삼 가닥을 자른다는 뜻으로, 어지럽게 뒤얽힌 상황을 명쾌하게 처리함을 일컫는 말)라는 고사성어를 생각해 보기 바랍니다.

나는 실패했지만 실패를 통해 많은 것을 배웠다.
젊은 시절에 고난을 겪는 것은 중요한 통과의례이다.

월트 디즈니(미국의 만화영화 제작자)

말이 쉽지, 실패를 딛고 일어서는 것은 참으로 어려운 일입니다.

시련과 좌절을 이겨내려고 노력하는 사람에게 저는 박수를 보냅니다. 나아가 아직 못다 이룬 꿈을 간직한 사람이 있다면 그 사람에게도 박수를 보내고 싶습니다. 마침내 그 꿈을 현실로 이루어 낸 사람이 있다면, 자리에서 벌떡 일어나 아낌없는 찬사를 보낼 것입니다. 그런 일을 이루어 내기란 정말로 힘들 테니 말입니다.

미국의 명물 '디즈니 월드'를 만들어 낸 월트 디즈니도 그런 사람 중 하나입니다. 지금 바람 부는 언덕에 서 있는 나는 꿈이라도 잊지 않고 살고 있는가? 그것이 궁금할 따름입니다.

세상은 둥글다.
막다른 골목처럼 보이는 곳도
출발점이 될 수 있다.

아이비 베이커 프리스트(미국 정치가)

절망의 순간에도 희망은 존재하기 마련입니다.

'이제 정말 끝이다'하고 좌절하고 있는 상황에서도 최선을 다한다면 분명히 희망의 싹은 틉니다. 어쩌면 그 절망의 수렁이 '절망 끝, 희망 시작'의 신호일 수도 있습니다.

코스닥 상장 기업 '예당 엔터테인먼트'의 변두섭 사장이 사업에 실패하고 깊은 절망에 빠져 있을 즈음, 이제 정말 마지막이될 수도 있을 한 가수의 음반 작업을 고생 끝에 마치고, 또 실패이겠거니 생각하며 음반 도매상에 갔습니다.

그런데 절망 속에서 탄생한 그 음반을 사기 위해 장사꾼들이몰려와 인산인해를 이루고 있는 것 아니겠습니까? 그에게는 그

막다른 골목이 절망의 끝이자 희망, 아니, 행복의 시작이었던 것입니다. 그는 그 광경을 보면서 눈물을 펑펑 쏟았다고 합니다.

절망 속에서 희망의 끈을 붙잡은 사람들이 더러 있습니다.

그렇습니다. 어차피 우리네 인생은 반전의 연속 아니던가요? 오를 때 힘들고 내려올 때는 편하고, 떠나면 돌아오게 되고, 돌아오면 떠나게 되는 우리네 인생살이 말입니다.

그러니 절망의 바람이 부는 언덕에 서 있더라도 끝까지 포기하지 말고, 희망의 봉우리를 향해 달려가십시오.

언제 어느 때 무슨 일을 하든, 어렵다고 결코 포기해서는 안 될 일입니다. 끝까지 최선을 다하는 것이야말로 행복의 출발점입니다.

항상 갈망하라, 우직하게 나아가라.
(Stay hungry, Stay foolish.)

스티브 잡스

이 말은 스티브 잡스의 인생을 바꾼 스스로의 확신이자 원칙이었습니다.

스티브 잡스의 삶은 '혁신의 아이콘'이라는 찬사와는 달리, 영화와 같이 극적이고 파란만장한 가시밭길의 연속이었습니다. 역설적으로 그러한 실패와 시행착오를 반복하며 고난과 난관을 이겨냈기에, 지금은 비록 고인이 되었지만 아직도 세상 사람들의 뇌리에 강하게 박힌 전설적인 경영자가 될 수 있었는지도 모르겠습니다.

자신이 창업한 회사인 애플에서 성공을 거두었지만 이사회에 의해 쫓겨났고, 우여곡절 끝에 넥스트를 창업하고 픽사를 인수

했습니다. 그리고 세계 최초의 컴퓨터 애니메이션 장편 영화인 「토이 스토리」를 만들고 기업 합병을 통해 결국 다시 애플로의 복귀에 성공했습니다. 중요한 사실은 그 실패와 시련의 과정 속에서도 그는 항상 갈망하는 그 열정을 가슴속에 품고서 자신의 확고한 확신을 우직하게 실천했다는 것입니다. 그 정신이야말로 세상을 혁신시킨 원동력이자 꺼지지 않는 엔진이 아니고 무엇이었겠습니까?

자! 우리도 스티브 잡스같이 불굴의 열정이란 기관차를 타고 세상을 밝히고자 하는 우리의 목표를 향해 달려가 보지 않겠습니까!

Chapter 8

•

리더십의 본질

이 시대는 창의력과 혁신,
상상력 그리고 결단력을 요구한다.

존 F. 케네디(미국의 35대 대통령)

이 명언은 1960년경 존 F. 케네디 전(前) 미국 대통령이 "뉴 프런티어의 개척자가 되기를 바란다"며 미국 국민에게 강조한 말입니다.

그때로부터 반세기가 흐른 지금도 내로라하는 CEO나 학자나 지도자들이 한결같이 "창의력과 혁신, 상상력 그리고 결단력"을 요구하고 있습니다.

수십 년이 흐른 지금까지도 미국이, 아니, 세계가 케네디 전 대통령이 주창했던 "창의력과 혁신, 상상력 그리고 결단력"을 갖지 못했고 실천하지 못하고 있단 말인가요?

그렇지는 않지요. 이 덕목들이 차근차근 갖추어지고 실천되고 있기에 세계가 이만큼이라도 발전하고 있는 것이죠.

세월이 조금씩 흐르고 머리칼이 은빛으로 바뀌어 가면서, 인간사에는 동서고금(東西古今)을 막론하고 변치 않는 원칙과 근본이 존재한다는 것을 실감하게 됩니다. 이를테면 양심, 도덕, 가족의 행복, 친절함 등의 가치는 누구나 언제 어디서든 지켜야하는 원칙이 아니던가요?

"창의력과 혁신, 상상력 그리고 결단력" 역시 시공을 초월해 우리 인간에게 꼭 필요한, 변하지 않는 덕목이자 자세입니다.

그렇습니다. 이 시대는 "창의력과 혁신, 상상력 그리고 결단력"을 절실히 요구하고 있습니다.

가득 차면 반드시 망하고,
겸허하면 반드시 존경받는다

영즉필망 겸즉필존(盈則必亡 謙則必尊)

다산 정약용

우리는 항상 비우며 살아가야 합니다.

속된 말로 털어야 할 때 털고, 정리해야 할 때 잘 정리해야 합니다. 그러면 인생이 새롭게 전개되고 자신을 성찰하게 되어 겸허해지는 것입니다.

탐욕에 눈이 멀어 계속 채우려고 하면 잔이 넘치고, 계속 넘치다 보면 망하고 맙니다.

'영만(盈滿)', 즉 지나치게 가득 차는 것은 인생에 별로 도움이 안 됩니다.

우리는 권력을 지나치게 휘두르거나 운 좋게 떼돈을 번 사람들의 불행한 말로를 자주 목격합니다. 그들이 권력을 다른 사람들과 나누어 가졌거나, 번 돈을 좋은 데 사용했다면 오히려 존경받았을 것입니다.

그러니 여러분은 지나친 욕심을 갖지 말고 겸허한 마음으로, 어느 정도 차면 비워낸다는 마음가짐으로 살아가기 바랍니다.

과음을 경계하기 위해 일정한 한도가 차면 술이 새어 나가도록 만든 계영배(戒盈杯)의 의미를 마음에 새기고, 넘치면 곧 아무것도 없는 것과 같다는 이치를 기억해야 할 것입니다. 끝없는 욕심을 경계하며, 평범한 삶에 자족할 줄 아는 지혜를 가져야 할 것입니다.

그러면 종국에는 아무리 많은 것을 넣어도 흘러넘치지 않는, 존경받는 큰 그릇이 될 것입니다.

기업은 사회를 위해 존재한다.

유일한(유한양행 창업자)

기업이 존재하고 성장하는 것은 기업이 잘해서도, 경영인이 잘나서도 아닙니다. 사회가 기업을 떠받쳐 주고, 고객들이 그 기업의 상품을 사주기 때문입니다.

그러므로 기업은 사회를 위해 존재하고, 사회에 기꺼이 기여해야 합니다.

하지만 재벌을 비롯한 국내 굴지의 기업들은 그런 중요한 밑바탕을 잊고 있습니다. 아니, 오만방자하게도 무시하고 있습니다.

기부 정신의 대명사인 마이크로소프트 사의 빌 게이츠 회장이나 세계적인 투자자 워런 버핏을 굳이 거론하지는 않겠습니다. 우리 땅에도 '기업은 사회를 위해 존재한다'는 경영철학을 몸소 실천한, 유한양행 창업자인 유일한 박사 같은 분이 있었기 때문입니다.

"대학까지 졸업시켰으니 앞으로는 자립해서 살아가거라. 아내는 딸 재라가 노후를 잘 돌보아 주기 바란다."는 유일한 박사의 유언장을 보며 폐부 깊숙이 밀려드는 감동을 억누를 길이 없었습니다. 그분은 사회에서 벌어들인 이익으로 학교를 설립했고 장학기금을 내놓았으며, 종업원들에게 주식을 아낌없이 나누어주었습니다. 그것도 모자라 마음을 깨끗이 비운 채 경영 세습도 과감히 포기하고 전문 경영인에게 경영권을 물려주었습니다. 그러면서 자식에게는 자립해서 살라 하고 아내의 노후를 걱정하는 '인간적인, 너무나 인간적인' 고민을 말하고 있습니다.

그분은 독립운동가 출신답게 품격 있는 경영인이었습니다. 최근 범람하는 천민자본주의의 물결 속에서 그분은 '노블레스 오블리주'를 온몸으로 실천한, 청빈 자본주의의 모범이었습니다.

오늘날 재벌 중에서 유일한 박사 같은 분이 단 한 사람이라도 있었다면, 재벌이 사회적 지탄의 대상이 되지는 않았을 것입니다.

경영이란 다른 사람들을
북돋우고 고무시키는 기술이다.

데일 카네기

이익을 위해 회사나 조직을 운영하는 것이 경영입니다.

경영의 으뜸은 인재 경영이지요. 다양한 능력을 지닌 조직원들을 적재적소에 배치하고 사기를 올려 효율을 극대화시키는 것이 경영의 관건입니다.

'일당백(一當百)'이라는 말이 있듯이, 잘 훈련된 인재의 가능성은 무한합니다. 또한 한 사람과 다른 한 사람이 만나면 '둘'이 되기도 하지만, 시너지 효과에 힘입어 '열'도 될 수 있는 것이 인재 경영의 요체입니다.

인재의 중요성을 깨달아 조직원들의 사기를 북돋우고 고무시키는 것은 경영자의 최고 기술이자 덕목입니다.

세 사람이 어떤 일을 같이 하면
반드시 스승으로서 배울 만한 사람이 있다.

삼인행 필유아사(三人行 必有我師)

『논어』

두 사람이 모이면 짝을 이룬다고 말하고, 셋 이상이 모이면 무리라 칭합니다.

둘은 서로 엇비슷하거나 아니면 크게 차이가 나 삐걱거리기 때문에, 조화를 이루기 어렵습니다. 그래서 서로 미루거나 서로 나서려고 해, 일이 제대로 되지 않고 유야무야되어 버리는 경향이 있습니다. 그러나 셋 이상이 모인 무리의 경우에는 사정이 다릅니다. 그 사람들 중에서 뭔가 배울 만한 가치가 있는 사람, 즉 리더가 생기게 마련입니다.

그러므로 셋 이상의 사람이 모일 때 가치 있는 사람이 되도록 부단히 노력하세요. 여러분도 리더가 될 자격이 충분하니까요.

부드럽고 관대하고 현명하며 이성적이기
위해서는 적당한 엄격함을 지녀야 한다.

피터 유스티노프(영국 극작가)

이 말은 언뜻 양립하기 어려운 특성들을 갖추라는 말로 들려 당혹스러울 수도 있겠습니다. 그러나 깊이 생각해 보면 일리가 있습니다.

내용이 없는 형식은 공허하지요. 부드럽기 위한 부드러움, 관대하기 위한 관대함은 사상누각(沙上樓閣)일 뿐입니다.

적당한 카리스마가 전제된 부드러움, 관대함, 현명함, 이성이야말로 리더가 갖춰야 할 자질들일 것입니다.

에너지와 열정을 갖고 일을 추진하라.
그런 열정을 다른 직원들에게 전파하라.
남보다 빨리 실행하라.

잭 웰치(전 제너럴일렉트릭 회장)

인간에게 에너지와 열정이 없다면 미물이나 다름없습니다.

일을 추진하고 그 일을 성공시키는 데는 끊임없는 에너지와 분출하는 열정이 필수적입니다.

조직이 목표한 바를 이루기 위해서는 리더가 조직원들에게 관심과 열정을 쏟아야만 합니다. 에너지와 열정은 전염성이 있으니까요.

조직 전체에 에너지와 열정을 가득 채운 다음, 빠르게 실행해야 할 것입니다. 그러면 조직의 목표를 틀림없이 달성할 수 있을 것입니다.

남을 따르는 법을 알지 못하는 사람은
훌륭한 지도자가 될 수 없다.

아리스토텔레스(고대 그리스 철학자)

남의 밑에 있어봐야 남을 이끌 수 있습니다. 남의 밑에 있어보지도 않고 무조건 남을 이끌려고 해봐야 이끌 수 없을 뿐더러, 좋은 지도자가 될 수도 없습니다.

차근차근 한 계단씩 올라가는 사람이 큰 지도자가 될 수 있습니다. 아랫사람의 입장과 처지 그리고 조직의 상황을 누구보다도 잘 알 수 있기 때문이지요.

사업을 처음 시작하려는 사람이 그 분야의 밑바닥부터 배우고 익히기 위해 말단으로 들어가는 경우도 많지 않은가요?

재벌 2세들의 경우도 부모가 자녀들에게 곧바로 상무, 전무 자리부터 내주지 않습니다. 다른 사람 밑에서 일해 보라고 대리나 과장 자리부터 주지요. 회사의 전후 사정을 충분히 파악했다고 판단된 후에는 초고속 승진을 시키겠지요.

　남 밑에 있어보고 남을 따르는 법도 알아야 훌륭한 지도자가 될 수 있습니다.

　그러므로 빨리 승진하지 못한다고 좌절하지 마십시오.

　지금 여러분은 지도자 수업을 받고 있는 중입니다.

농부는 밭을 탓하지 않는다.

노무현

2000년 부산 북강서을 국회의원 선거에서 노무현 후보는 선거운동 시작부터 상대 후보를 압도하고 있었습니다. 여론조사에서 10% 이상 우세한 것으로 나타나고 있었죠. 그 당시 부산에서 민주당 후보가 이긴다는 것은 어느 누구도 상상하지 못할 기적 같은 일이었습니다.

그런데 선거 종반으로 치달을수록 상대 후보의 지역감정 자극과 지역주의의 극심한 대립 때문에 점차 격차가 좁혀드는가 싶더니, 선거 개표 방송 때는 오히려 10% 차이로 패하는 어처구니없는 결과가 일어나 버렸습니다. 이 같은 참담한 패배에 선거 참모들은 망연자실, 넋을 잃고 말았습니다.

그때 시골 촌부같이 검게 탄 얼굴로 나타난 노무현 후보는 선거 결과에 대해 일성을 터뜨렸습니다.

"농부는 밭을 탓하지 않는다."

선거 패배의 책임을 남들에게 돌릴 만한 근거가 숱하게 많건만, 그는 결코 주변의 상황이나 참모들의 실책을 탓하지 않고 모든 책임을 자신에게 돌리고 있었습니다. 화살이 빗나가면 과녁을 탓하지 않고 자신에게서 책임을 찾는 반구저신(反求諸身)의 자세였습니다.

돌이켜 보면 노무현 전 대통령이 던진 정치적 승부수들은 자신의 책임 하에 기본을 생각하며 선택한 험난한 과정들이었던 것 같습니다. 물론 그 기본은 자기 자신의 굳건한 원칙과 소신이었겠지요.

정치적 자산도 세력도 거의 없는 한 정치인이 그야말로 무에서 유를 창조해 냈기에, 이 시대에 보기 드물게 기본에 충실한 벤처인이라 할 수 있겠습니다. 그래서 아직도 많은 사람들이 기본에 충실했던 정치인 노무현을 그리워하고 있는지도 모를 일입니다.

기본이 바로 서면 나아갈 길이 생긴다

본립도생(本立道生)

『논어』

우리가 한글을 배우려면 반드시 '가나다라'를 외우고, 운동을 배우려면 기초체력을 바탕으로 기본 동작을 익혀야 하며, 책을 읽으려면 사전을 들척거리는 번거로움이 있더라도 단어의 의미를 알아야 합니다.

바로 이것들이 기본이며, 급한 마음에 빠르게 가려고 이 기본을 건너뛰게 되면 의도한 목표달성은 어렵습니다.

따라서 기본은 반드시 거쳐야 할 과정이고, 당연히 갖추어야 할 능력입니다.

문제는 기본에서 벗어난 작태들을 일삼는 사람들이 사회 곳곳에 많다는 것입니다.

한번 했던 말을 자신의 상황에 유리하게 뒤집는 정치인, 정책을 자주 바꾸는 고위 관료들, 위기상황을 수습하지 못해 갈팡질팡하는 조직의 리더들······.

이렇게 기본을 모르고 한 행위들이 자신은 물론이고 사회를 큰 위험에 빠뜨리고 맙니다.

어려운 일이 생기면 기본을 생각하고 기본으로 돌아가야 합니다. 기본이 바로 서면 나아갈 길이 생기기 때문입니다.

저는 베트남의 국부로 추앙받는 호찌민이 즐겨 인용했던 '이불변 응만변(以不變 應萬變)', 다시 말해 '변하지 않는 것으로써 만가지 변화에 대응한다'를 떠올리고 싶습니다. 바로 이 변하지 않는 것이 기본이며, 원칙일 것이라 생각됩니다.

한 개인의 기본은 '성실과 겸손'일 것이며, 그것이 반드시 사람다움을 여는 뿌리가 될 것입니다. 정치인의 기본은 자신이 배우고 형성한 정치철학일 것이며, 어렵더라도 그것을 지키면 큰 정치인이 될 것입니다.

조직도 마찬가지일 것입니다. 조직이 스스로 기본으로 돌아가 개선하려는 자정능력을 갖출 때만이 조직원들이 기대하는 모습으로 거듭날 수 있을 것이기 때문입니다.

지금이 바로 기본을 생각할 때입니다.

당신의 기본은 과연 무엇입니까?

Chapter 9
•
조직의 혁신

최첨단 기술을 탐험하자.
(Explore the Engineering Edge.)

일본 IHI의 슬로건

오바마 전 대통령은 대선후보 시절 "나는 이해를 못 하겠다. 자동차가 미국에서 발명됐고 자동차 디자인 혁신도 미국에서 이루어졌는데, 왜 하이브리드 카의 디자인과 제조를 한국과 일본이 하도록 내버려 두었나?" 하고 문제를 제기했다고 합니다.

그렇습니다. 미국이 자동차를 발명하고 그 제조 과정을 혁신한 것은 사실입니다.

그런데 후발 주자인 한국과 일본이 뜨거운 열정과 도전의식을 갖고 최첨단 기술을 탐험했기에 앞서 나가게 된 것이지요.

제조업이나 첨단 업종에서는 영원한 일등이 존재하지 않습니다. 마라톤 경기처럼 끊임없이 앞서거니 뒤서거니 하지요. 최종 도착지까지 피를 말리면서 끝없는 경쟁을 펼치는 것이지요.

그러므로 기술 혁신이 중요합니다.

기업은 매 순간 최첨단 기술을 탐험해야만 살아남고 승리할 수 있습니다.

지독한 호기심, 가슴 뜨거운 열정, 굳은 인내심을 가지고 미지의 세계를 계속 탐험해야 합니다.

용기는 수난 속의 기품이다.

어니스트 헤밍웨이(미국 작가)

용기는 차디찬 눈 속에서 피어나는 꽃, 설중매(雪中梅)이지요. 아니, 천 길 낭떠러지의 바위틈에 피어 있는 에델바이스인지도 모르겠습니다.

어려움과 고통 속에서도 우러나오는 당당함은 무엇보다도 가치가 있습니다. 그 기품 있는 당당함이야말로 자신의 가치를 높이는 기본일 것입니다. 그리고 그 기본을 바탕으로 정의라는 꽃을 피우게 됩니다.

저는 비겁하기 짝이 없어 이런 말을 할 자격이 없지만, 그래도 힘을 내어 외칩니다. 진정한 용기는 수난 속에서 피어오르는 외로운 꽃봉오리라고.

젊은이들이여, 진정한 용기를 갈구하거든 고통과 괴로움을 피하지 마십시오. 피할 수밖에 없거든 차라리 삼켜 버리십시오.

진정한 용기는 절망적인 상황에서도 결코 굴복하지 않습니다.

굽힐 줄 모르는 기개와 용기, 그것은 기품을 넘어선 경외의 대상입니다.

성삼문, 황현, 정몽주, 그들의 용기와 기개는 아직도 죽지 않고 우리 곁에 숨 쉬고 있습니다.

사람은 입은 제복대로 된다.

나폴레옹(프랑스 황제)

옷은 사람의 성격을 가장 잘 드러낼 뿐만 아니라, 그 옷을 입은 사람의 행동에까지 영향을 미칩니다. 소위 '입은 대로 논다'는 말이지요.

예비군복을 입은 사람들은 행동거지가 엉망진창이 됩니다. 그러나 훈련을 마친 후 정장을 입고 출근할 때면 언제 그랬냐는 듯이 반듯하게 행동합니다.

예비군복이라는 제복의 집단적 익명성이 빚어내는 무책임한 현상이라고나 할까요?

옷을 그럭저럭 차려입은 사람은 그 옷에 걸맞게 되는대로 행동하고, 의복을 말쑥하게 차려입은 사람은 단정하게 행동합니다. '옷의 사회적 책임성' 때문일 것입니다.

옛말에 '집에 땟거리가 없어 굶어도 옷은 잘 입어야 한다'고 하지 않았습니까?

일리가 있는 말이지요. 허례허식의 발로라기보다는, 사람은 자신이 입은 옷의 사회적 책임성을 의식해서 행동하기 때문일 것입니다.

그러니 가능한 한 단정하고 깨끗하게 옷을 입어야 할 것입니다. 옷은 '미래를 위한 날개'임을 인식해야 하겠습니다.

관점을 바꿀 수 있는 용기를 가져라.
그리고 변화하라!

이케다 기요히코(일본 작가)

관점을 바꾼다는 것은 어려운 일이 아닙니다. 문제의식을 가지느냐, 못 가지느냐의 차이일 뿐입니다.

그런데도 우리는 굳어져 버린 습관이나 고정관념에 빠져 기존의 관점을 잘 바꾸지 못합니다.

수많은 학습과 값비싼 대가를 치른 뒤 바꾸지 않으면 안 될 상황에 부딪혀서야 겨우 문제의식을 갖게 되고 관점을 바꿔보려 합니다. 그러나 그때쯤이면 이미 늦은 경우가 많지요.

관점을 바꾸고 스스로 변화하는 데는 용기가 필요합니다. 손쉽고 익숙한 것들과의 결별도 결심해야 합니다.

관점을 바꾸어 변화하는 것을 우리는 혁신, 즉 '이노베이션

(innovation)'이라고 합니다. 기존의 제도나 방법, 조직 따위를 뜯어고치거나 버리고 새롭게 하는 것이죠.

'역사는 끊임없이 진보한다'는 말이 있듯이, 기존 관념으로는 천변만화(千變萬化)하는 현실을 도저히 따라잡을 수 없습니다. 변화의 속도가 빠른 현대사회에서 혁신하지 않는 사람에게는 현상 유지는커녕 퇴보만이 있을 뿐입니다.

그럴 바에는 두려움을 버리고 혁신을 향한 결단을 내리는 편이 훨씬 빠른 성공의 지름길일 것입니다.

직업에는 정신과 철학이 필요하다.

크리스 라반(미국 심리학자)

직업은 신성한 것입니다. 그런데 흔히들 직업을 단순히 돈 버는 수단으로만 여깁니다.

우리는 자신의 직업을 소중하게 생각해야 합니다. 그러기 위해서는 직업관을 넘어선 '정신'과 '철학'이 필요합니다.

저는 그 정신과 철학을 투철한 '프로 정신'이라 부르고 싶습니다.

이 땅에서 성공한 사람들은 모두 자기 직업에 혼을 불어넣은, 이른바 프로 정신이 투철한 사람들이었습니다. 무엇을 목적으로 삼고, 어떤 가치관으로 일해야 하는지를 뜨겁게 느낀 사람들이었습니다. 백남준 선생, 박찬호 선수가 그랬고, 정주영 회장이 그랬습니다.

자신의 직업에 대한 강한 자부심과 철학이 없었다면, 그들이 어떻게 성공할 수 있었겠습니까?

그러니 여러분도 직업을 단순히 돈 버는 일로만 여기지 마십시오. 쉽게 돈 버는 일에 집착하지 마십시오. 정신과 철학이 없는 그런 돈벌이로는 일시적인 성공만 할 뿐, 결코 오래가지 못합니다.

경제가 활력을 잃어버린 지금, 누가 뭐라 해도 태산처럼 묵직한 소신과 철학으로 나아갔던 기업가들의 프로 정신이, 이른바 '투철한 기업가 정신'이 그립습니다.

큰일은 평소의 해이함에서 일어나고,
화근은 방심에서 일어난다.

『고문진보』

인생에는 적당한 긴장감이 꼭 필요합니다.

마음이 해이해지면 반드시 복병이 나타나게 되어 있지요. 그러니 늘 적당한 긴장감을 갖고 정신적으로 깨어 있어야 합니다.

적당한 긴장감이란 마음의 준비를 하고 있는 것을 의미하지요.

마음의 준비가 늘 되어 있으면, '인생의 복병'이 나타나더라도 퇴치하여 승리할 수 있습니다.

평소의 해이함이나 방심도 절대 금물입니다. 그것은 마음의 무방비 또는 무장해제를 의미하니까요.

영리한 여우는 굴을
여러 개 파놓는다.

속담

복잡다기한 인생살이에 답이 반드시 하나일 수는 없습니다. 최선의 선택이 있는가 하면 차선책도 있을 수 있고, 목적지에 곧장 도달할 수 있는 지름길이 있는가 하면 우회하여 가는 길도 있습니다. 아니면 전혀 다른 길을 선택할 수도 있겠지요.

세상을 살면서 큰 위험에 처하게 될 때에도 타개할 방법이 꼭 하나만 있는 것은 아닙니다.

제1안이 실패할 경우를 대비해 최소한 제2안과 제3안이 마련되어 있어야 조금은 안심할 수 있습니다.

우리는 여우한테서 굴을 여러 개 파는 뛰어난 유연성과 슬기로움, 그리고 부지런함을 배워야 하겠습니다.

할 수 없어도 '할 수 있다'고 말하지 않으면
기회가 없다. 우선 '할 수 있다'고 말하자.

나카타니 아키히로(일본 작가)

'모수자천(毛遂自薦)'이라는 고사성어가 있지요.

중국 전국시대 조나라 평원군의 식객이었던 모수가 평원군이
초나라에 동맹을 청하러 갈 때 자기도 끼워달라고 졸랐습니다.
적극적으로 스스로를 천거하는 '자천(自薦)'인 셈이었죠.

그러자 평원군은 '낭중지추(囊中之錐)'라는 유명한 고사성어로
모수를 비웃었습니다. '사람의 능력은 주머니 속에 든 송곳과
같아 자연히 드러나는 법인데, 당신은 내게 아무것도 보여준 게
없지 않은가'라고 말입니다.

그러자 모수는 재치 있게 응수했습니다.

"그러니 이제라도 그 주머니에 좀 넣어주십시오."

결국 모수는 천거되어 큰 공을 세웠고, '모수자천'이라는 말까지 생겨났습니다.

그래요. 스스로 적극적으로 기회를 만들어 나가야 희망이 있습니다.

그런데 시도조차 하지 않을진대 어떻게 좋은 결과를 이끌어 낼 수 있겠습니까? 해보지도 않고서 지레 '할 수 없다'고 말한다면, 할 수 있는 일은 아무것도 없습니다.

기회 상실은 여러분의 인생에 치명적인 결과를 가져올 수 있습니다.

주어진 일을 회피하지 말고 '할 수 있다'고 적극적으로 나서서 기회를 잘 활용해야 합니다. 아니, 모수처럼 기회를 숫제 만들어 내야 할 것입니다.

일은 나중의 문제이며, 스스로 기회를 어떻게 만드느냐에 성공 여부가 달려 있습니다.

우리에게 가장 큰 피해를 끼치는 말은
"지금껏 늘 그렇게 해왔어"라는 말이다.

그레이스 호퍼(미국의 컴퓨터 과학자, 해군 제독)

잘못된 관행은 생활의 덫이고, 사회의 발전을 가로막는 괴물입니다. 우리는 관행이라는 이름으로 얼마나 자주 잘못과 부패를 무시하고 묵인하고 방조해 왔습니까?

이처럼 잘못된 습관과 그릇된 관행은 새로운 변화를 두려워하고 신경을 무디게 하는 암적 존재입니다.

어쩌면 "지금껏 늘 그렇게 해왔어"라는 말을 깨뜨리는 것이 혁신의 시작일지도 모릅니다.

'역사는 필연적으로 진보한다'는 것을 굳게 믿는다면, '지금껏 늘 그렇게 해왔어'라는 괴물과 싸워 이겨야 합니다. 그래야만 개인이 변화하고 사회가 발전하며, 역사가 진보할 수 있습니다.

만사에는 두 가지 시점이 있다.
적절한 시점 그리고 놓쳐버린 시점.

슈텐 나돌니(독일 작가)

통설에 따르면 베스트셀러가 되기 위해서는 Timing, Target, Title, 이른바 3T가 충족되어야 한다고 합니다. 출간하는 시점, 독자층, 책 제목이 상당히 중요하다는 것이지요.

이 세 가지 요소 중 가장 중요한 것이 바로 타이밍입니다. 아무리 좋은 제품이라도 적절한 시기를 타지 못하면 판매를 많이 할 수 없게 되지요. 너무 빨라도, 너무 느려도 문제가 됩니다. 추세나 흐름에 반 발쯤 앞서가는 것이 가장 좋습니다.

민감한 시장에서는 한 발만 앞서도 흐름에서 벗어날 공산이 크기 때문입니다. 반 발 정도만 앞서야 시장의 흐름을 탈 수 있지요.

시장의 타이밍 원리를 명심해야 하겠습니다.

오래된 고객을 붙잡아라.
그것이 새 고객을 얻는 것보다 몇 배나 싸다.

이시노 세이이치(일본 작가)

친구와 술은 묵을수록 좋다는 말이 있습니다.

저는 여기에 '고객도 묵을수록 좋다'는 구절을 추가하고 싶습니다.

새로운 친구를 사귀려면 얼마나 많은 시간과 노력과 열정이 필요합니까? 그렇게 전력투구(全力投球)해서 만든 친구가 과연 진실한 친구인지는 또 어떻게 장담할 수 있겠습니까?

가까운 곳에 진실이 있는데도 우리는 자꾸 밖으로만 눈을 돌리려는 어리석음을 범하고 있습니다.

그렇습니다. 흙 속에 묻힌 진주는 여러분의 가장 가까운 곳에 있는 오래된 친구일 것입니다.

오래된 고객도 마찬가지입니다. 정말 충성도 높고 소중한 보물입니다.

새로운 고객을 만드는 것도 좋겠지만, 오래된 고객이 더욱 듬직하고 중요하답니다.

오래된 고객에게 지금 당장 안부전화 한 통 거시지요. 굉장히 기뻐할 것입니다.

부(富)는 낙관주의가 아닌 혁신으로부터 온다.
부는 이미 알려진 것을 완벽하게
소화함으로써 얻어지는 것이 아니다.

케빈 켈리(미국 작가, 출판인)

부는 맡은 업무를 평소처럼 능란하게 수행한다고 얻을 수 있는 것이 아닙니다. 맡은 임무를 평소처럼 수행해서는 현상유지 혹은 경미한 발전만을 이룰 수 있을 뿐입니다.

1등이 아니면 살아남을 수 없는 무한경쟁 시대에는 남과 다르게, 평소와 다르게 혁신해야 높은 부가가치를 창출할 수 있습니다.

혁신을 바탕으로 하는 참신한 아이디어가 나와 주어야 하는 것입니다.

어느 중소기업 사장이 전문가로부터 '직원의 나이가 아무리 어려도 존댓말을 사용해 보라'는 조언을 들었습니다. 그날부터

즉각 실천에 들어가 모든 직원에게 말을 높였더니, 한 달 뒤 공장의 불량률이 제로 수준으로 떨어졌다고 합니다.

이렇듯 사소해 보이는 아이디어 하나가 조직에 엄청난 결과나 부를 가져다줍니다.

이미 하고 있거나 알고 있는 것을 탈피한, 새롭고 실천 가능한 아이디어가 혁신의 출발입니다.

지식보다는 상상력이 더 중요하다.
(Imagination is more important than knowledge.)

알베트르 아인슈타인

과거에는 국력의 지표가 국방력과 경제력이었지만, 오늘날엔 '문화력'이 중요한 지표로 떠올랐습니다.

스필버그 감독의 영화 한 편, 방탄소년단의 노래 한 곡이 얼마나 지대한 문화적 영향력과 경제적 효과를 거두었습니까?

그 근간은 바로 풍부한 '상상력'입니다.

그래요. 과거와 달리 오늘날에는 습득한 지식을 단순하게 활용하는 'IQ(지능지수)'보다는 풍부한 상상력으로 높은 부가가치를 창출하는 'EQ(감성지수)'가 요구됩니다.

상상력은 뛰어난 문화를 창출하고, 문화는 국가 이미지(브랜드)를 높여주며 나라를 부강하게 만듭니다.

우리나라가 상상력이 풍부한 나라, 문화력이 강한 나라가 되었으면 좋겠습니다. 대한민국이 '일류국 속의 일류국'이 되는 꿈이 하루빨리 실현되었으면 더욱 좋겠습니다.

로마인은 좋다 싶으면 그것이 적의 것이라 해도
거부하기보다는 모방하는 쪽을 선택했다.

시오노 나나미(일본 작가)

아마 로마인은 자본주의적 자질이 있었던 것 같습니다. 그래서 '로마는 하루아침에 이루어지지 않았다'는 말이 생겨났는지도 모르겠습니다.

그렇습니다. 모방은 창조의 어머니입니다.

이 세상에 진정한 창조는 거의 없습니다. 어떤 의미에서 우리가 창작물이라고 부르는 것도 기실은 다른 물건이나 다른 사람의 영감을 본뜬 모방품을 업그레이드한 것일 뿐이죠.

우리나라는 모방을 통한 창조로 오늘의 번영을 일궈 냈습니다. 자동차 산업이나 조선업도 그러했고, 어쩌면 요즘 잘 나가는 반도체 산업도 처음에는 선진국의 기술을 모방했을 것입니다.

이웃나라 일본도 모방의 귀재 아닙니까? 그래서 선진국으로 발돋움할 수 있었던 것입니다.

'검은 고양이든 흰 고양이든 쥐만 잘 잡으면 된다'(黑猫白猫)는 실용주의 정신으로 무조건 배우고 모방해, 하루빨리 완벽한 선진국 대열에 올라서야 하겠습니다.

Chapter 10

•

행복의 조건

좋은 일에는 남이요,
궂은일에는 가족이다.

속담

우리는 흔히 좋은 일은 남과 함께하면서, 궂은일이 생기면 가장 소중한 가족에게 부담을 지우려 듭니다. 하지만 그래서는 안 되겠지요.

사랑은 모름지기 가족애에서 시작되는 법입니다.

정상에 우뚝 선 어느 기업가는 '영광의 순간은 늘 가족과 함께해야 한다'면서 가족의 가치를 강조했답니다. 미국의 전 대통령 도널드 트럼프도 가족과의 관계를 중요한 리더십의 하나로 설파한 바 있습니다. 세계 최고 광고회사 사치앤사치 CEO 케빈 로버츠 역시 가족을 자신의 '궁극적인 감성의 러브마크'로 생각한다고 말하지 않았는가요?

그래요. 가족은 사랑의 발원지이자 결코 마르지 않는 행복의 샘물입니다.

가족의 소중함을 잊어버리거나 나 몰라라 한다면, 사회에서도 성공하기 힘듭니다. 우리 속담 그대로 남 좋은 일만 시킬 뿐이지요.

자신의 표상인 가족을 사랑할 줄 모르는 사람은 아무것도 이룰 수 없는 불쌍한 사람일 따름입니다.

행복한 가정은 모두 비슷하지만,
불행한 가정은 각각 다르다.

톨스토이

돈이 많다고 꼭 행복한 것도 아니며, 돈이 없다고 꼭 불행한 것도 아니겠지요.

가족끼리 서로 믿고 의지하며 보듬어 안는 것이 바로 행복 아니겠습니까? 가족은 이 세상에서 가장 아름다운 이름이니까요.

그러니 '행복한 가정'을 이루는 데 무슨 이유나 조건이 있을 수 있겠습니까? 가족 구성원 모두 믿음과 사랑의 반석 위에서 마음의 평화와 화목을 누리는 것이 가장 중요하지요.

그러나 불행한 가족을 살펴보면, 불행한 사연이나 이유가 너무나 많고 다양합니다.

"우린 돈이 없어서 불행해."

"성격 차이가 너무 커."

"애들이 속을 너무 썩여."

"집사람이 아파서……."

"남편이 바람을 피워서 미워 죽겠어."

더 이상 이유를 나열하지 않아도 여러분은 잘 알 것입니다.

여러분의 가정은 어느 쪽인가요?

행운은 결코 우연히 얻어지는 것이 아니다.
그러므로 로또를 사듯 어쩌다 걸리겠지
하는 마음으로 행운을 기다리는 사람에게는
평생 동안 운이 따르기 힘들다.

하이브로 무사시(일본 작가)

괴롭고 어렵고 상황이 곤궁한 사람일수록 행운을 더욱 갈구
하게 마련입니다.

그런데 대단히 미안한 이야기지만, 그렇게 마음만 급한 사람
들은 행운을 잡기가 대단히 어렵습니다.

'하늘은 스스로 돕는 자를 돕는다'고 했습니다. 또 '큰 운은 하
늘이 내리고, 작은 운은 인간이 만들어 나간다'는 말도 있지요.

노력 없는 결과가 어디 있겠습니까?

흔히 행운은 일곱 빛깔 무지갯빛 나비 같다고 합니다. 아주 환

상적으로, 아름답게 펄럭펄럭 날아서 다가온다고 합니다.

하지만 그것이 행운인지 불운인지 어떻게 알 수 있으며, 안다 해도 어디 잡기가 쉬운가요? 그저 스쳐 지나갈 뿐이지요.

그러니 행운을 잡고 싶으면 무작정 기다릴 것이 아니라, 최소한 망이 촘촘한 나비채라도 준비해야 하겠습니다.

준비하는 마음으로 하루하루를 성심껏 알차게 보내야 합니다.

그러다 보면 언젠가는 하늘이 여러분에게 작은 행운은 물론이고 큰 행운까지도 주는 날이 올 것입니다.

긍정적으로 생각하라.
자신이 원하는 상황을 머릿속에 그려보라.

앤드류 매튜스(미국 작가)

긍정은 희망을 낳고, 희망은 좋은 결과를 낳습니다.

우산 파는 아들과 얼음 파는 아들을 둔 어머니가 있었지요.

그 어머니는 비가 오면 얼음 파는 아들 걱정으로, 햇볕이 내리쬐면 우산 파는 아들 걱정으로 하루하루를 우울하게 보냈습니다. 보다 못한 한 친구가 거꾸로 생각해 보라고 충고했다지요.

친구의 말을 듣고 크게 깨달은 어머니는 비가 오면 우산 파는 아들이 우산을 많이 팔아 신나고, 햇볕이 쨍쨍 내리쬐면 얼음 파는 아들이 얼음을 많이 팔아 신나 하루하루를 즐겁게 보내게 되었다고 하지요.

우울하고 고통스러운 마음에 매사를 부정적으로만 생각한다면 아무런 발전이 없을 것입니다. 부정은 절망을 낳고, 절망은 나쁜 결과를 초래하기 때문이지요.

상황이 아무리 안 좋아도 좋아질 수 있는 여지는 있기 마련입니다.

그러니 그 여지를 찾아내고 발상의 전환을 해서 암울한 상황을 여러분이 원하는 방향으로 몰고 가십시오. 그러면 틀림없이 좋은 결과가 따를 것입니다.

도전하는 삶이 아름답다.

금언

무거운 법복을 벗고 승복으로 갈아입은 사람, 장래가 보장된 국립대 교수 자리를 박차고 생소한 사업에 뛰어든 사람, 가정을 떠나 종교에 귀의한 사람 등 많은 사람들이 자신의 현실에 안주하지 않고 늦게나마 새로운 도전을 시도하고 있습니다. 그리고 나름대로 인생에서 알찬 결실을 맛보고 있지요.

물론 주변에서 가족과 친지, 친구 등이 눈물 어린 만류를 했으리라는 것은 어렵지 않게 짐작할 수 있습니다. 그러나 그들의 마음을 되돌릴 수는 없었지요. 살 만큼 살았고 인생에 대해 생각할 만큼 생각한 후 결심한, 신념에 찬 시도였기에 그렇습니다.

그들은 자신이 걷던 길이 아무리 편하고 안락하더라도 계속 가야 할 길이 아니라고 판단했기에, 그것이 자기 인생의 궁극적인 목표가 아니라고 생각했기에 새로운 길을 찾아 나선 것입니다.

아직 걸어보지 않은 길이기에 위험이 도사리고는 있겠지만, 그들의 아름다운 도전에 갈채를 보냅니다.

젊은이들이여, 지금 자신의 삶에 만족하는가요? 만일 세상에서 살아남기 위해 의미 없는 일에 전력투구하고 있다면, 여러분은 현재 자신이 걷고 있는 길에 대해 곰곰이 생각해 볼 필요가 있습니다.

도전하는 삶의 즐거움을 한번 만끽해 보시지요.

남을 행복하게 할 수 있는 사람만이
행복을 얻을 수 있다.

플라톤(고대 그리스 철학자)

행복은 물질에서 오지 않고 마음에서 옵니다.

그래서 물질을 지키려고 아등바등하거나 탐욕에 눈이 멀어 더 채우려고만 하는 사람은 불행하고, 가진 것을 나누고 베푸는 사람은 행복한 것입니다. 다시 말해, 욕심을 버리고 마음을 비우는 것이 행복의 지름길입니다.

자선냄비에 돈을 넣거나 장애우를 돕는 사람들의 얼굴을 유심히 살펴보세요. 그들의 얼굴에서 달덩이처럼 환한 미소를 발견할 것입니다.

반면 남의 궂은일이나 불행을 보고도 외면하는 사람의 얼굴에서는 차디찬 냉기만을 발견하게 될 것입니다.

사람의 얼굴은 마음의 거울이기에 행불행을 직접적으로 보여줍니다.

　자기가 가진 것을 나누고 베푸는 선행은 남을 행복하게 하기도 하지만, 자신도 행복해지는 길이기도 합니다.

　행복은 또 다른 행복을 낳게 하는 마음의 선물입니다.

남의 삶과 비교하지 말고
너 자신의 삶을 즐겨라.

콩도르세(프랑스 사상가)

사람마다 고유한 생활 방식이 있습니다.

앞에서도 말했다시피, 돈이 많다고 해서 반드시 행복한 것은
아닐 뿐더러, 돈이 없다고 반드시 불행한 것도 아니지요. 물질
적으로 풍요로우면 살기가 편할 뿐이지 행복한 것은 아닌데도,
많은 사람들이 돈 많은 사람을 행복한 사람으로 여기며 부러워
합니다. '큰 부자에게는 아들이 없고 다만 상속인만 있을 뿐이
다'라는 말이 시사하듯, 어쩌면 부자는 가진 것을 잃지나 않을까
하는 두려움 때문에 마음이 더 삭막할지도 모릅니다.

또 남이 아무리 행복해 보일지라도 겉으로만 그렇게 보일 뿐,
그들 나름대로 노출되지 않은 어두운 면이 있기 마련이지요.

그럼에도 불구하고 인간의 속성상 다른 사람과 비교하는 것은 피할 수 없나 봅니다. 저도 타인의 삶과 은연중에 비교하는 자신을 보고 적잖이 당황할 때가 있으니까요.

좋습니다. 기왕 비교할 수밖에 없다면, 나보다 못한 사람과 비교해 보는 건 어떨까요? 그러면 그런대로 위안이 되고 마음이 편해질 것입니다.

그러나 그 방법은 일시적이고 불완전한 처방일 뿐입니다. 진정한 행복을 가져다주는 파랑새는 멀리 있지 않습니다. 바로 여러분 곁에, 여러분의 생활 속에 있습니다.

그러니 엉뚱한 곳에서 헤매지 말고, 여러분의 생활 속에 날아다니는 행복의 파랑새를 찾으십시오.

건강이 가장 큰 이익이고,
만족이 가장 큰 재산이며,
신뢰가 가장 큰 친구이다.
그리고 마음의 평안보다 더한 행복은
이 세상에 없다.

부처

혈기 왕성한 젊은 날에는 별 느낌이 없던 단어들이 반평생이란 인생의 반환점을 돌고 마지막 종착지를 향해 갈수록 가슴에 와 닿는 경우가 많아집니다.

"건강이 대수야? 이렇게 팔팔한데, 뭐가 문제야?"

젊었을 때는 쌩쌩 돌아가니 문제가 아니죠. 하지만 사람의 몸도 기계인지라 아무리 윤활유를 잘 쳐준다 해도 세월이 지나면 고장 나기 십상이고, 기능이 몰라보게 저하되는 것이 자연의 섭리입니다. 그리고 결국에는 사망에 이르게 되죠.

사람이 임종에 이르기 전까지 건강관리에 드는 비용은 엄청납니다. 치아를 임플란트 하자면 수백만~수천만 원이 들고 심장이나 신장, 간 등의 수술비용은 수억입니다. 이처럼 한 사람의 신체는 움직이는 빌딩 이상의 값어치가 있다고 하겠습니다. 그러니 건강을 지키는 것이 가장 큰 이익일 것입니다.

현실에 대한 만족은 문자 그대로 정신적 모자람이 없이 충분하고 넉넉함을 뜻합니다. 비록 생활 면에서는 가난하지만 편안한 마음으로 삶을 즐긴다는 '안빈낙도(安貧樂道)'라는 말도 있지 않습니까? 이미 마음은 흡족해 더 필요한 것이 없습니다. 그러니 만족 이상의 재산은 없지요.

사람 간의 관계에서 가장 중요한 것은 신뢰입니다. 굳은 믿음이죠. 그 관계가 연인이든 친구이든 간에 오래 지속되려면 신뢰가 바탕이 되어야 합니다. 그러나 그 사람에 대한 신뢰가 깨지면 모든 관계가 단번에 끝이 나죠. 그러니 관계가 이어지려면 신뢰가 필수 불가결이니, 신뢰 이상 가는 큰 친구는 없습니다.

마음이 불편하면 세상만사가 다 귀찮습니다. 좋은 풍광도 아름다운 미인도, 심지어는 돈도 눈에 안 들어옵니다. 심한 불편함의 극치인 스트레스 때문에 머리가 다 빠지고, 장기적으로 지속되면 큰 병환을 얻게 만듭니다. 이러니 마음 편히 잘 지내는 평안보다 더한 행복은 이 세상에 없는 것입니다.

우리가 인생을 지속하면서 이렇게 건강을 유지하고, 현실에 만족하며, 신뢰할 만한 가치를 가지고 속 편하게 살아간다면 그 이상의 삶이 있을 수 있을까요?

복을 얻고 못 얻고는
자신의 힘에 달린 것이다.

『시경』

감나무 밑에 누워 있다고 감이 저절로 입에 떨어지지 않습니다. 그렇다고 감나무를 마구 흔들면 감나무가 상하니 또한 안 되겠지요. 진정 감을 따려 한다면 감나무 위로 올라가야지요. 그러고서 감을 하나하나 조심스럽게 따야 합니다.

복을 얻는 것도 이와 마찬가지이지요. 감나무 밑에 누운 것처럼 타인에 너무 의존해도 안 되고, 복을 얻는 것은 자신의 힘에 달려 있다고 저돌적으로 힘을 남용해도 오히려 화를 입게 됩니다.

우리는 복을 추구하되, 복이 도망가지 않게 조심조심 자신의 마음을 컨트롤해 가면서 복을 따야겠습니다. 아주 맛있고 달콤한 복 말입니다.

Chapter 11
•

사랑의 예술

우리는 살아가는 데 'F'가 두 개 필요하다.
바로 'Forget(잊어버려라)'과
'Forgive(용서해라)'이다.

'ET 할아버지' 채규철

눈물을 흘리고 싶어도 눈물샘이 타버려 울 수 없었다던 재야 교육자, 채규철 선생의 말입니다.

불길 같은 불행을 헤치고 불꽃처럼 타오르다가 스러진 분의 육성이지요. 삶의 허무와 인생의 의미를 동시에 그리고 온몸으로 껴안은, 아니, 인생의 가치와 철학마저 초월한 분의 말씀입니다.

인생을 얼마나 생각하고 또 생각했기에 이런 절절한 사랑의 말을 할 수 있었을까요?

저는 결코 잊지 못하겠고 용서도 못 하겠는데 다 잊고 용서하라니, 황망할 따름입니다.

이 말은 잊어야 새롭게 채워지고 용서해야 자신도 용서받을 수 있다는 뜻일 것입니다.

필부(匹夫)인 저도 과거의 불행을 되도록 잊으려고 노력하고, 완전무결한 인간은 없으니 다른 사람의 잘못과 악행을 내 부덕의 소치로 여기며 용서해 보렵니다.

그래도 큰소리는 못 치겠군요. 저도 부족한, 아니, 너무나 많이 결핍된 인간이니까요.

내가 평생 접하는 사람이나 동물에게
힘 닿는 대로 기쁨을 주자.

이광수(소설가)

인연은 너무나 소중합니다.

세상에는 만나지 않고도 이룰 수 있는 일이 아무것도 없지요.
일도 우정도 사랑도 말입니다. 아무리 인터넷 시대라 해도 마
찬가지입니다.

그러니 만나는 인연마다 성의를 가지고 최선을 다하십시오.
그리고 되도록 기쁨을 선사하도록 하십시오.

좋은 일만 행해도 짧은 것이 인생입니다.

좋은 일을 행한다는 것은 인격을 닦고 덕을 쌓는 일이기도 하
지요.

덕은 결코 외롭지 않습니다.

인연을 소중히 여겨 최선을 다하다 보면, 설령 여러분은 혜택을 보지 못한다 해도 여러분의 후대에는 분명히 축복이 있지 않겠습니까?

대가를 받고 안 받고를 떠나, 사는 동안 인연에 최선을 다하십시오.

여러분이 만나는 인연이 부처이고 하느님입니다.

함께 있는 것만으로
함께할 수는 없다.

다미안 신부(神父)

류시화 시인의 시집 중 『그대가 곁에 있어도 나는 그대가 그립다』는 시집이 있습니다.

이 제목은 지독한 사랑에 대한 역설적 표현 같습니다.

불현듯 "함께 있는 것만으로 함께할 수는 없다"는 말의 의미와 "그대가 곁에 있어도 나는 그대가 그립다"는 말의 의미를 비교해 보고 싶습니다. 둘 다 사람에 대한 사랑을 말하고 있지만, 후자의 사랑은 주관적으로 갈구하는 지독하고 본능적인 사랑인 반면, 전자의 사랑은 '함께 있는 것'을 뛰어넘어 고통까지도 진심으로 함께하려는 감동적인 사랑입니다.

아니, 사랑을 뛰어넘는 사랑, 영원조차도 초월하는 고귀하고 가치 있고 아름다운 사랑입니다. 평범한 사람으로서는 헤아리기 힘든, 사랑의 대하(大河)입니다.

그렇습니다. 다미안 신부님은 나환자들의 고통을 진심으로 공유하기 위해 나병에 걸리게 해달라고 간절히 기도했고, 스스로 나환자가 되어버렸습니다.

가없는 사랑입니다. 결코 멈출 줄 모르는 사랑의 대하 앞에서 저는 말문이 막힐 따름입니다.

저주와 비난보다 연민이
더 많은 죄악을 치유한다.

이수형(언론인)

우리는 너무나 쉽게 남을 저주하고 비난합니다. 그러나 그것은 바람직한 삶의 자세가 아닙니다.

연민(憐憫)의 정으로 불쌍히 여겨야 하겠지요.

아무리 나쁜 죄를 지은 사람도 저주와 비난을 받게 되면, 자신이 지은 죄를 인정은 하면서도 반발하게 됩니다.

나그네의 두꺼운 외투를 벗기는 데는 차디찬 겨울바람보다 따뜻한 여름햇볕이 더 효과적이었듯이, 죄 지은 사람을 날카로운 저주나 차디찬 비난보다는 사랑이 듬뿍 담긴 연민으로 감싸 안아 주십시오. 아마 그 사람의 죄가 치유되고 영혼이 더욱 청결해질 것입니다.

이렇듯 사랑은 인간을 순화시킵니다.

저주와 비난은 부메랑처럼 되돌아와 영혼에 상처를 입히지만,
연민과 사랑은 모든 이의 영혼을 따뜻하게 해줍니다.

사랑의 힘은 이토록 부드럽고도 강합니다.

사람을 변화시키려면
그 사람을 사랑해야 한다.

속담

'피그말리온 효과'라는 것이 있습니다. 타인의 지극한 사랑과 정성 덕분에 결과가 좋아지는 현상을 말합니다.

이 말은 그리스 신화에서 비롯되었습니다. 피그말리온이 자신이 조각한 아름다운 여인상을 진심으로 사랑하게 되자, 사랑의 여신 아프로디테가 그의 사랑에 감동해 그 여인상에 생명을 불어넣어 주었다는 이야기입니다.

사랑은 사람을 진정으로 변화시키며, 사랑의 힘은 위대하고 강합니다.

우리가 누군가를 미움으로 나무라면 그 사람은 변화는커녕 반발심만 느낄 것입니다.

그러니 사랑으로 감싸 안으십시오. 그러면 그 사람은 온유하게 변화할 것입니다.

사랑하지도 미워하지도 마라.
사랑하는 사람은 못 만나서 괴롭고,
미워하는 사람은 만나서 괴롭다.

『법구경』

불민(不敏)한 세속인의 입장에서는 참으로 모호한 구절입니다. 성인군자가 아닌 이상, 이 복잡한 세상을 살아가면서 어떻게 사랑하지도 미워하지도 않을 수 있겠습니까?

저는 필부의 입장에서 이렇게 바꾸어 말하고 싶습니다. 지나친 사랑과 과도한 미움을 갖지 말라고.

지나친 사랑은 집착을 낳아 불행해지고, 과도한 미움은 증오를 쌓아 공멸(共滅)을 초래합니다. 사랑과 미움에도 눈에 보이지 않는 절도나 질서가 있어야 하겠지요.

인생은 부메랑과 같다.
준 만큼 받는다.

데일 카네기

세상에 공짜는 없습니다. 어차피 인생은 주는 만큼 받는 것입니다. 남의 잘못이나 실책을 트집 잡거나 타인에게 해악을 끼치면, 반드시 그에 상응하는 대가를 치르게 됩니다. 반면 남에게 덕을 베풀면, 그 음덕이 널리 퍼질 것입니다. 당대에 복을 못 받더라도, 후대에는 반드시 복을 받게 될 것입니다.

언젠가 『목민심서』에서 "덕은 결코 외롭지 않다"는 구절을 보았습니다. 저는 그 글을 보고 가슴이 뛰었습니다.

덕을 베푸는 것, 남에게 주는 것은 결코 외롭지 않다는 다산의 말씀이 '원가의 보상'만을 바라는 소인배인 저에게 크나큰 기쁨과 힘찬 격려로 와 닿았기 때문입니다.

내가 누군가의 손을 잡기 위해서는
내 손이 빈손이어야 한다.

정호승(시인)

　내 욕심을 다 채운 뒤에 남을 배려한다는 것은 진정한 의미의 배려가 아닙니다. 내 안에 있는 것을 우선 비우고 남을 배려해야 합니다.

　물질이 있어야만 남을 배려할 수 있는 것도 아니요, 없다고 해서 남을 배려할 수 없는 것도 아닙니다. 본질은 마음입니다.

　내 손이 빈다는 것은 마음까지 포함하는 의미일 것입니다.

　마음이든 물질이든, 뭔가를 꽉 쥐고는 진심 어린 악수가 성립될 수 없습니다. 그러니 그냥 내어주십시오.

　"당신이 가진 부는 무한하다. 왜냐하면 당신의 재산은 소유가 아니라 향유(享有)이기 때문이다."

'서양의 노자'로 일컬어지는 미국의 사상가, 헨리 데이비드 소로의 이 가르침이 마음을 울립니다.

여러분도 물질이 아닌 마음의 부자가 되어, 누군가에게 나누어주고 베풂으로써 진정한 행복을 누리기 바랍니다.

아무리 부유하더라도 사람의 생명은
그의 재산에 달려 있지 않다.

「루카 복음」

'사람의 생명은 그의 재산에 달려 있지 않다'는 평범한 진리를 모르는 사람은 거의 없을 것입니다. 왜 모르겠습니까?

내키지는 않지만, 원초적인 관점에서 인간을 동물로 한번 바라봅시다. 발가벗은 몸뚱이에 어느 누구는 진주 목걸이를 목에 걸고 있고, 어느 누구는 다이아몬드로 치장하고 있으며, 또 어느 누구는 값어치 없는 나뭇잎으로 감싸고도 있습니다. 이처럼 재산은 그 사람의 본질이 아니고 액세서리에 불과할 뿐인데, 감히 그것을 생명과 연관시키다니 당치도 않지요.

하지만 우리 대부분은 살아가는 동안 그런 진리를 애써 모른 척하거나, 죽음에 이를 때까지도 무시하려고 합니다.

강철왕 앤드루 카네기는 그 자신이 갑부이면서도 "부자로 죽는다는 것은 수치스럽다"라고 말했다죠. 이를테면 부자는 재산을 모으는 과정에서 이기적인 행동을 하게 됨으로써 많은 사람에게 상처를 주었을 것이고, 돈이 많기 때문에 역설적이게도 돈의 노예가 되어 오히려 가치 있는 삶을 살기가 어려워진다는 것입니다.

사실 부자가 쌓은 부는 자신의 능력도 한몫을 했겠지만, 보편적으로는 그를 둘러싼 이웃이나 사회가 도와주어 생긴 결과물인 것입니다. 그런 사실을 인지하지 못하고 그 사회에 대해 감사의 마음을 가지지도 못한 채, 그 쌓아 올린 재물을 자식에게 몽땅 물려주거나 그저 안고 죽으니, 그 죽음이 얼마나 허망하고 가치 없는 것이겠습니까?

다이너마이트를 발명해 거부가 된 알프레드 노벨은 어느 날 신문에 난 자신의 부고에 큰 충격을 받았답니다. 자신의 형이 사망한 것을 오인 보도한 '죽음의 상인 노벨이 죽다'라는 헤드라인 제목을 보고서 말입니다.

아! 제아무리 돈을 많이 벌어도 자신의 마지막은 수치스러운 '죽음의 상인'에 불과하구나!

그 이후부터 노벨은 가치 있는 일을 하기 시작했고, 결국에는 자신의 전 사재를 털어 죽음이 아닌 평화의 노벨상을 만들었습니다. 오늘날에는 그 누가 노벨을 감히 '죽음의 상인'이라

일컫겠습니까? 그저 '평화의 사도' 노벨만이 존재할 뿐입니다.

인간의 가치는 무엇을 얼마나 많이 가졌느냐에 있지 않고, 이타심을 가지고 사회와 공동체에 어떻게 기여했느냐에 있는 것입니다.

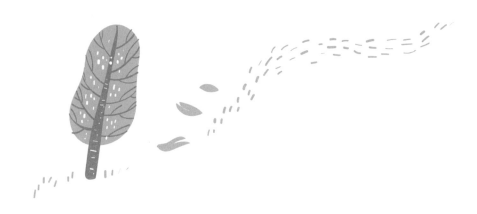

Chapter 12

•

역사의 거울

한 인간의 역사에 대한 평가는
인사동 화랑과 출판사
인명사전에서 알 수 있다.

성만현(정치인)

역사는 매우 엄정하고 정확합니다. 그런데 우리는 먹고살기에 급급한 나머지 역사를 잊고 지내기 일쑤입니다.

살아생전 무소불위의 권력을 누린 왕이나 대통령도, 재상이나 정승도 죽어서는 똥값이 되거나 아예 값도 나가지 않는 경우가 허다하지요.

반면 생전에는 권력이나 부귀영화를 누리지 못했지만 뚜렷한 철학과 기개로 생을 마감한 사람들은 금값이 됩니다. 아니, 부르는 것이 값입니다.

이것은 인사동 화랑의 서예 값입니다. 예부터 우리 선조들은 서예를 많이 해왔기에, 사람이 죽은 뒤엔 그 글씨 값이 그 사람의 역사적 값어치를 정확히 반영한다는 것이지요.

백범 김구 선생과 이완용의 글씨 값, 전봉준과 연산군의 글씨 값, 성삼문과 신숙주의 글씨 값, 전태일과 김창룡의 글씨 값 등등……. 누가 응접실에 이완용의 글씨를, 연산군의 글씨를 자랑스럽게 내걸겠습니까?

하지만 성삼문의 글씨가 있다면 달라는 대로 값을 쳐줄 테니 당장 가져오라는 사람들이 줄을 설 것입니다.

이것이야말로 냉철한 역사 시장의 시세가 아닐까요?

그래서 역사를 죽은 것이 아니라 살아 숨 쉬는 유기체라고 말하는 것입니다.

출판사의 인명사전도 마찬가지입니다. 인명사전은 한 인간의 역사를, 그 사람의 생전의 이력들을 빼지도 보태지도 않고 정확하게 기술하고 있습니다.

인명사전 역시 공신력에 대해 역사적 평가를 받을 수 있으니 정확하고 객관적이어야 할 것입니다.

오뉴월 땡볕도
그만 쬐라면 서운하다.

속담

권력은 마약처럼 강렬한 마력을 가진 것 같습니다. 한번 잡게 되면 사람이 돌변하니 말입니다.

어쩌면 그 사람 자신보다 주변 환경 때문에 그렇게 되는 것인지도 모르겠습니다.

무엇보다 중요한 것은 권력을 잡은 사람의 마음가짐일 것입니다. 마음에 중심을 잃지 않는다면, 주위에서 아무리 난리를 쳐도 굳건히 나아갈 수 있을 것입니다.

그러나 권력에는 수명이 있기에, 그만두어야 할 때가 올 것입니다. '화무십일홍(花無十日紅)'이라는 말도 있듯이 말입니다.

그런데 쥐뿔도 안 되는 권력일지라도 권력을 손에서 놓는다는 것은 그렇게도 서운한가 보지요. 아무렴, 무척 서운할 것입니다.

하지만 때가 되었는데도 권력을 놓지 않으려고 몸부림을 친다면 다시는 잡을 수도 없을 뿐더러, 오히려 추해 보이기까지 합니다.

그러니 수명이 다한 권력은 잡을 생각일랑 하지 마십시오. 시원하게 놓아 버리십시오.

그러면 오히려 아름답게 보이고, 어쩌면 또 다른 기회가 주어질지도 모릅니다.

과감히 놓을 줄 알아야 인생이 당당해질 수 있습니다.

버려야 얻습니다. 오뉴월 땡볕을 조금 더 쬐어봐야 얼마나 따뜻해지겠습니까?

지금 이 순간에도
적들의 책장은 넘어가고 있다.

하버드 대학 도서관에 쓰여 있는 글귀

무시무시한 이야기입니다.

독서 예찬론자가 아니더라도, 독서의 중요성은 아무리 강조해도 지나치지 않을 것입니다.

선진국 국민들이 책을 많이 읽는다는 것은 주지의 사실입니다. 책을 많이 읽는 국민은 결코 얕잡아 보아서는 안 됩니다. 아니, 두려워해야 합니다.

독서는 총체적인 국력의 잣대이기에 그렇습니다.

세계적인 패션 디자이너 고 앙드레 김은 학력은 짧았지만 "나는 독서를 통해 시대정신을 읽고 그 통찰을 바탕으로 옷을 디자인한다"고 말했습니다. 체험에서 우러나오는 독서의 중요성이죠.

독서는 지식과 교양을 습득함으로써 인간의 영혼을 풍요롭게 해주는, 마음의 양식이자 지혜의 바다입니다. 한마디로 인간을 인간답게 해주는 기본인 셈이지요.

우선 독서를 통해 기본을 다지십시오. 그런 다음 사업가가 되든, 시대의 리더가 되든, 예술가가 되든 알아서 하십시오. 그것은 순전히 여러분의 몫입니다.

지금 이 순간에도 여러분의 경쟁상대인 세계인들의 책장은 무섭게 넘어가고 있습니다.

"획 획 획-"

권력은 비정한 생리를 가지고 있다.

마키아벨리(이탈리아 정치사상가)

권력은 쟁취하기도 힘들지만 유지, 관리하기는 더 힘듭니다. 아니, 더 위험하다고 말하는 것이 정확한 표현일 것입니다.

권력을 유지한다는 것은 한마디로 호랑이 등을 타는 것과 같습니다.

흔히 권력은 손에 칼을 쥔 것과 같다고들 하지요. 잘못 사용하면 자신도 베일 수 있으니까요.

또한 어제의 동지가 오늘의 적이 되는 곳이 냉혹한 권력 현장입니다.

이러니 비정하다고 할 수밖에요.

더 나아가 '권력을 획득하기까지의 어려움과 슬픔은 같이할 수 있어도, 권력을 가진 후의 기쁨과 과실은 함께 나눌 수 없다' '부자간에도 나누어 가질 수 없는 것이 권력이다'라는 옛 사람들의 말을 상기해 보면, 권력은 비정하기 그지없는 욕망 덩어리 그 자체인 듯합니다.

이제는 권력도 혼자서 움켜쥘 것이 아니라, 기분 좋게 나누어 먹어야 할 때가 도래한 것 같습니다. 함께 나누어 먹는 '맛있는 빵'처럼 말입니다.

인간과 시민을 교육하는 데
가장 기본이 되는 것은
언어 다음으로 역사 교육이다.

이인호(서울대 명예교수)

"'민족'이라는 스승과 '역사'라는 교과서를 통해 인생을 배워나간다"는 말이 있습니다.

그렇습니다. 역사를 통해 과거를 성찰하고, 현재를 짚어 보며, 미래를 설계하는 것 아니겠습니까?

어린 시절 아버지를 감옥에 빼앗긴 어린 소녀 인디라 간디가 인도의 총리로 우뚝 서기까지에는 아버지 자와할랄 네루가 감옥에서 보내온 편지가 결정적 역할을 했습니다. 그 옥중서신이 쌓여 그 유명한 『세계사 편력』이라는 역사책이 되었습니다.

이처럼 역사는 한 인생의 가치관을 확립하고 그 인간의 잠재력을 키우는 기본적인 토양이 되는 것입니다. 그래서 서양에서는 어린 시절부터 역사 교육을 시킵니다. 특히 지도자에게는 역사 공부가 필수입니다.

'역사의식이 없다'는 말은 '철학이 부족하다'는 말과 짝을 이루고, 반 지성적이라는 의미와도 상통하지요.

다시금 강조하는데, 지식인들은 풍부한 역사의식을 갖추어 현안 문제를 전 세계의 흐름과 연결해 사고할 수 있어야 합니다. 중국의 동북공정이나 일본의 역사왜곡을 뛰어넘을 수 있는 의식을 갖추어야 한다는 말입니다.

저는 역사학자는 아니지만 이렇게 말하고 싶습니다.

"역사는 우리의 거울이다. 민족 없는 역사 없고, 역사 없는 민족도 없다."

메멘토 모리(Memento Mori)
반드시 죽는다는 사실을 기억하라.

고대 로마의 격언

인간이 영원히 살 수 있다면 어디까지 오만해질까요?

아마도 구약 성경의 '창세기'에 나오는 바벨탑 이야기처럼 오만이 하늘을 찔러 신과 경쟁하려 들 것입니다. 불문가지(不問可知)입니다.

그러나 유감스럽게도 인간은 죽습니다.

그럼에도 불구하고 사람들은 '반드시 죽는다'는 평범한 진리를 망각한 채 영원히 살 것처럼 남을 괴롭히고 상처 줍니다. 돈과 권력과 명예를 향해 부나비처럼 달려갑니다.

"메멘토 모리(Memento Mori)." 이것은 죽음의 골짜기를 강조하는 말이 아니라, 죽음을 넘어선 진리의 절규입니다.

여러분도 큰일을 눈앞에 두고 있거나 대사를 도모하고자 할 때, 몸가짐을 추슬러 '메멘토 모리'를 소리 높여 외쳐볼 일입니다. 그러면 지혜가 떠오르고 겸손이 몸에 밸 것입니다.

오랜 세월이 지나도 서로 잊지 말자
장무상망(長毋相忘)

추사 김정희의 그림 「세한도(歲寒圖)」에서

장무상망(長毋相忘). 중국 섬서성 순화에서 출토된, 2천 년 전 한나라 때의 와당(瓦當)에 새겨진 글입니다. '오랜 세월이 지나도 서로 잊지 말자'는 뜻이지요.

그런데 추사(秋史) 김정희가 이 구절을 자신의 작품인 「세한도 (歲寒圖)」에 인장으로 찍어 사용했습니다.

무슨 의미가 있어 사용했을까요? 독자들도 잘 아시겠지만, 초라한 집 한 채와 고목 몇 그루가 한겨울 속에 떨고 있는 그림이 바로 「세한도」입니다.

김정희의 증조부는 영조 임금의 사위였고, 부친은 여러 부처의 판서를 역임했던 고위 관리였지요. 김정희 자신 또한 청나라에서도 명성이 높았던 최고의 학자였건만 역모로 몰리고 말 았습니다. 그 결과 부친은 전라도 고금도에 유배되었고, 그 자 신마저 제주도에 유배되는 처참한 신세였으니, 얼마나 사람이 그립고 외로웠으면 그림조차 그렇듯 쓸쓸하게 그렸겠습니까!

그렇게 현실은 집 둘레의 가시 울타리를 벗어나면 안 될 정 도로 암울했지만, 정신적으로는 마냥 행복했을지도 모릅니다. 아니, 필자가 보기에는 부러울 정도로 행복한 사람이었습니다.

추사에게는 그의 말처럼 '전이라고 더하고 후라고 덜한' 관계 가 아닌 제자 이상적이 존재했기 때문이죠. 세도가의 권력 끈 이 떨어지면 주변의 모든 사람들이 순식간에 고개를 돌려버리 는 염량세태(炎涼世態)가 거의 일반적이던 시절이었습니다. 그래 도 현직에 있던 제자 이상적은 다른 이들의 따가운 눈총을 무 릅쓴 채, 청나라에서 구한 귀한 서책들을 머나먼 제주에까지 보 내주어 스승으로 하여금 학문적으로 뛰어난 경지를 이루게 했 던 것입니다.

추사는 『논어』의 "세한연후 지송백지후조(歲寒然後 知松柏之後凋 : 겨울이 되어서야 소나무와 잣나무가 시들지 않음을 알게 된다)"라는 구절에 서 「세한도」라는 그림을 착상했고, 변함없는 신의의 상징인 송 백(松柏)을 생각하며 제자 이상적에게 보냈겠지요.

그 그림에 '장무상망(長毋相忘)'이라는 인장을 찍음으로써, 사

랑하는 제자와의 소중한 인연이 오래오래 이어지기를 간절히
바랐을 것입니다.

'오랜 세월이 지나도 서로 잊지 말자', 장무상망(長毋相忘)을 결
의할 사람이 당신 주변에 단 한 사람이라도 있습니까? 한겨울에
도 푸르름을 간직한 송백(松柏) 같은 그런 사람 말입니다.

집단을 위해서만 쓰인 끼리끼리의
역사는 역사로서 함량 미달이다.

에릭 홉스봄(영국 역사학자)

역사는 획일적이고 기계적인 퍼즐 맞추기가 아닙니다. 수많
은 변수와 상수가 존재하는 다양성의 광장이지요.

'그들만의 역사'라는 것은 존재할 수 없을 뿐더러, 설령 억지
로 만들어 낸다 하더라도 값어치 없는 허상(虛像)일 것입니다. 그
것은 짜깁기해 만들어 낸 짝퉁일 뿐입니다.

사회가 건강해지려면 개선하려는 추진력과
보존하려는 엔진이 같이 작동해야 한다.

러셀 커크의 『보수의 정신』 중에서

새는 왼쪽과 오른쪽의 날개를 함께 움직여야 날 수가 있습니다.

만일 어느 한쪽 날개에 문제라도 생긴다면 정상적으로 날기가 어렵습니다.

우리 사회도 마찬가지입니다. 정상적으로 작동하려면 개선하려는 진보의 힘과 보존하려는 보수의 힘이 함께 어우러져야 합니다.

그런데 어느 날부터 진보가 진보답지 못하고 보수가 보수답지 못하게 되어 우리 사회의 좌우 날갯죽지가 처져 있습니다. 진보는 '자신들만이 옳다'고 독선에 빠져버리고, 보수는 '자신들의 기득권을 지킬 것이다'고 외치며 수단 방법을 가리지 않다 보니 우리 사회가 발전은커녕 정상적으로 작동되지 않는 악순환마저 거듭하고 있습니다.

보다 큰 문제는 진보, 보수 모두 다 서로 잘하려고 하는 선의의 경쟁을 하기보다는 서로 누가 잘못하는지와 상대방을 상처 입게 만드는 데에만 골몰하고 있다는 것입니다.

'합리적인 진보'와 '개혁적인 보수'가 국가 발전이란 하나의 목표를 위해 진정으로 열심히 뛰고서 국민들에게서 그 결과를 놓고 깨끗하게 심판받는 그런 풍토가 조성되었으면 좋겠습니다.

그러면 우리 사회가 한 단계 더 성숙하게 발전할 수 있지 않겠습니까?

권력이 인간을 오만으로 몰고 갈 때,
시는 인간의 한계를 깨우쳐 준다.
권력이 인간의 관심 범위를 좁힐 때,
시는 인간 존재의 풍요함과 다양성을
깨우쳐 준다.
권력이 부패하면 시가 정화해 준다.

존 F. 케네디

모든 사람이 시인이라면 이 세상은 더욱 살맛나고 아름다
워질 것입니다. 그러나 현실은 시인이 세상에 발을 못 붙일 정
도로 삭막하고 어지럽습니다.

그런데도 시인들은 꿋꿋하게 순수성을 지켜내고 있습니다.
어쩌면 그들 때문에 이렇게나마 사회가 정화되고 유지되는 게
아닐까요?

‘죽은 시인의 사회’에 서서 시인의 부활을 기도합니다.

시는 인간의 마음을 정화해 주고, 영혼을 맑게 해주는 묘약입니다.

인간이 추구하는 욕망의 상징인 권력이 시에 의해 여과되고 정제되었으면 하는 바람입니다.

많은 사람들의 가슴속에 시심(詩心)이 가득하다면 세상은 더욱 겸허해지고, 더욱 풍요로워지고, 더 깨끗해지고 밝아질 것입니다.

언제는 우리가 길이 있어서 갔는가.
불의와 싸우다 보니
길이 하나 둘 생긴 것이지.

리영희(언론인)

원래 길이란 존재하지 않았습니다.

사람이 가야 길인 것이지요. 아니, 누군가가 가야 길이 되는 것이지요.

아니, 아닙니다. 우리는 착각하고 있습니다.

우리 곁에 있는 자연이 모두 길이지요. 단지 인적이 없어서, 잡풀과 가시 덩굴이 너무 많아서, 사람들이 가질 않아서 길이 아닌 것처럼 보일 뿐이지요.

그런 환난과 고통의 길을, 아무도 가려고 하지 않는 길을 가는 사람을 우리는 선각자라 부르던가요? 예지자라 칭하던가요?

그러나 불의라는 가시덤불에 찔려 흘린 그들의 피와 땀과 눈물을 우리는 얼마나 기억하고 있습니까?

그런 그들이 있었기에 우리는 지금 이 탄탄대로를 걷고 있습니다. 그들이 닦아놓은 믿음이라는 흙을 밟고서 말입니다.

그분들은 이렇게 말합니다.

"눈 덮인 들판을 지날 때 어지럽게 걷지 마라. 오늘 내가 가는 이 길이 뒷사람의 이정표가 될지니……."

건설적인 일이면 무엇이든 조용히 수행하라.
지금은 난국이다. 모두가 권력을 원하면
누가 침묵의 봉사를 하겠는가.

마하트마 간디(인도의 민족운동 지도자)

비폭력, 자비, 사랑을 가르친 동시에 몸소 실천했던 간디
가 어느 정치인에게 보낸 편지의 한 대목입니다. 작금의 시대
상황에 너무나 딱 맞아떨어지는 가르침입니다.

정치과잉 시대입니다. 정치가 혼란스럽다 보니, 국민 모두가
정치인이 되어버렸습니다. 자본가와 대기업 귀족노조가 서로의
이익을 위해 목소리를 높이고, 수도권 세력과 지방 세력이 아
귀다툼을 전개하고 있으며, 메이저 신문과 마이너 신문, 신문과
방송 간의 상호 비방은 점입가경(漸入佳境)입니다.

어디 그뿐인가요? 여성은 여성대로, 농민은 농민대로, 더 나
아가 교사와 공무원까지 자신들의 밥그릇을 위해 투쟁하고 있

습니다. 국가라는 큰 틀에서 볼 때 모두 집단이기주의, 개인이기주의의 발로입니다.

이러다가는 배가 산으로 올라갈 판입니다.

다들 말로는 '묵묵히 일하는 서민을 위해야 한다'고 목소리를 높이지만, 기실은 고래 싸움에 새우 등 터진다고 권력 없는 새우들만 죽게 생겼습니다.

정말 난국입니다. 권력 간의 분열과 대립, 그리고 갈등의 계절입니다.

국가의 기본은 '질서 유지'입니다. 공권력에 의해서든, 성숙한 민주적 질서에 의해서든 국가의 질서는 반드시 유지되어야 합니다.

국가의 장래는 돌보지 않은 채 권력다툼에만 눈먼 나라를 과연 '국가'라 칭할 수 있겠습니까?

이제는 정치적인 목소리를 낮추고 각자 맡은 바 업무를 성실히 수행해야 합니다.

모든 국민이 자기 이익만을 위해 목소리를 높일 수는 없지 않습니까? 그러면 누가 땀 흘려 일하고 누가 민생을 돌보겠습니까?

먹고살기 힘든 국민들을 제발 정치에서 해방시켜 주십시오. 어려운 국민들을 자꾸만 권력의 도구로 삼지 말라는 말입니다.

공자도 '국민이 정치를 느끼지 못할 때가 정치를 가장 잘한 시기이다'라고 했습니다.

정말 정치 때문에 혼란스러워 죽을 지경입니다. 일손이 안 잡힐 지경입니다.

다시금 강조하건대, 지금은 건설적인 일이면 무엇이든 조용히 수행해야 할 난국입니다.

이제부터는 정치만능주의가 아니라 경제만능주의가 정착되면 참으로 좋겠습니다.

도시에서는 상리(商利)가 나오고,
농촌에서는 사상이 나온다.

함석헌(사상가)

삭막한 콘크리트 문화에서 무엇이 나오겠습니까? 죽어 있는 콘크리트에서 생명력과 창조력이 솟아날 수 있겠습니까? 막말로 권모와 술수만이 판칠 것입니다.

모름지기 어머니의 품처럼 따뜻한 농촌에서, 온기 넘쳐흐르는 자연에서 큰 사상과 철학이 나오는 법이지요.

여러분도 한번 곰곰이 생각해 보십시오. 큰 인물들이 탄생한 곳도 대개 시골이요, 풋풋한 자연이 고동치는 곳이었습니다.

"자연으로 돌아가라"는 루소의 말은 결코 빈말이 아닙니다.

산에 눈이 하얗게 쌓일 때 검은 돈피 갖옷을 입고,
흰 깃 달린 기다란 화살을 허리에 차고,
팔뚝에는 백 근짜리 활을 걸고,
철총마를 타고 채찍을 휘두르며 골짜기로 들어선다.
긴 바람이 일어나 초목이 진동하는데,
느닷없이 큰 멧돼지가 놀라서 길을 헤맨다.
활을 힘껏 잡아당겨 쏘아 죽이고,
말에서 내려 칼을 빼서 그놈을 잡고,
고목을 베어 불을 놓고 기다란 꼬챙이에다
그 고기를 꿰어서 구우면 기름과 피가
지글지글 끓으면서 뚝뚝 떨어진다.
걸상에 걸터앉아 먹으며 큰 은대접에 술을
가득 부어 마시고, 얼큰히 취할 때에 하늘을
올려다보면 골짜기의 구름이 눈이 되어
취한 얼굴 위를 비단처럼 펄펄 스친다.

임형수(林亨秀 : 조선 전기의 문신)

옛 선조들의 기상을, 하늘을 찌를 듯했던 기개를 보여주는
글입니다. 우리 조상들은 이처럼 거칠 것이 없이 담대했습니다.

또 하나의 예를 들어볼까요?

임진왜란 때 이름 없는 필부가 읊어 왜장을 깜짝 놀라게 했다는 시입니다.

"하늘이라는 이불 아래 땅이라는 요를 깔고 구름이라는 병풍 두르고 산이라는 베개를 베고 누우니 저기 저 달은 촛불이요, 바닷물은 술독이라. 술을 한잔 들이켜니, 어허, 금강산이 옷소매에 걸리는구나!"

어떻습니까? 속이 다 시원하지 않은가요?

다람쥐 쳇바퀴 도는 듯한 좀스럽고 단순한 일상사를 잠시 접고 푸른 하늘을 올려다보며, 선조들의 웅장한 시 한 수를 따라 읊는 것도 그리 나쁘지는 않을 것입니다. 십년 묵은 체증이 쑥 내려갈 것입니다.

부와 성공을 부르는

말의 힘

초판 1쇄 인쇄 | 2022년 5월 11일
초판 1쇄 발행 | 2022년 5월 18일

지은이 | 김용한
펴낸이 | 윤세민
편집주간 | 강경수
물류지원 | 이주완
디자인 | 디자인 감7
펴낸곳 | 산솔미디어

등록번호 | 제406-2019-000036호
주소 | 경기도 파주시 재두루미길 150, 3층(신촌동)
        (서울사무소)서울시 마포구 월드컵북로5길 65(서교동), 주원빌딩 201호
전화 | 02-3143-2660 **팩스** | 02-3143-2667
이메일 | sansolmedia@naver.com

ISBN 979-11-968053-8-8   03190